《教師》という仕事＝ワーク

永井聖二
古賀正義
［編］

学文社

●編者・執筆者●

*永井 聖二	東京成徳大学	[序，第7章，第9章]
紅林 伸幸	滋賀大学	[第1章]
阿部 耕也	静岡大学	[第2章]
清水 睦美	東京大学大学院	[第3章]
瀬戸 知也	宮崎大学	[第4章]
秋葉 昌樹	竜谷大学	[第5章]
越智 康詞	信州大学	[第6章]
吉原 惠子	和光大学（非）	[第8章]
*古賀 正義	中央大学	[終章]

（*印は編者；執筆順）

はしがき

本書のテーマは、書名が示すとおり「教師の仕事」である。もう少し詳しくいうと、「転換期の学校の教師の仕事の変容とその展望」ということになろうか。

教師の質をめぐる論議は、学校教育制度の成立以来、いつの時代にも人々の関心を集めてきた。しかし、今日ほどこの問題が社会の関心事であり、大量の言説が流布されることはかつてない。そして、今日の教師についての言説の多くは、いたずらに教師が生徒の立場にたつことを強調するものであったり、教師のおかれているさまざまな制度的な条件を顧ることがなかったり、あるいはまったく社会的現実性を欠いたものであったりする。そこに共通するものは、社会の構造的な変化のなかで（あるいは変化にもかかわらず）教師がいかなる教育的行為をなしているのかを検討する視点を欠くことである。本書が、こうした今日の教師論の問題点を克服することに多少とも貢献することができるならば、私たちの幸い、これにすぎるものはない。

私事で恐縮だが、編者（永井）は、学部時代に図書館で手にしたウォーラーの『学校集団』（*Sociology of Teaching* の邦訳）に興味をもったことが、教育社会学、とくに教師の社会学の道へと迷い込む契機となった。

大学院で恩師石戸谷哲夫先生の指導をうけることができるようになってからは、（授業ではなく雑談としてであったのだが）ウォーラーをはじめとして、学校支配を争う勢力の相剋をシカゴを事例として分析したカウンツや、教師の自由の実態を教職事件を中心に調査したビールの研究などについて、しばしばご教示を得たことが想い出される。そうした折、先生は、教師をめぐるさまざまな社会的圧力と教育活動の関係を研究することの必要性を強調されたのであった。

その恩師石戸谷哲夫先生も、幽明界を異にされてすでに久しい。はからずも同じ石戸谷先生の指導を得た古賀正義氏とともに、今回このような形で本書をまとめる機会を得たことは、僭越とはいえまことに望外のよろこびであるが、先生のご叱正を得られたらというのが、叶わぬ願いでもある。

それにつけても、今日の大学の置かれた状況からの多忙のなかで、執筆を快諾してくださった執筆者各位には、心からお礼を申しあげたい。一読すれば容易に理解できるように、本書がこのような形で成り立ち得たのは、ひとえに中堅若手のすぐれた執筆者のご協力によるものといえる。また、学文社編集部の三原多津夫氏には、本書の出版にあたって格別のご配慮を賜った。編者の不手際による再三の原稿の遅れのなかでの氏のご寛恕とご助力がなくしては、本書が刊行されることはなかったことは間違いない。記して深甚の謝意を表したい。

平成十二年八月

永井　聖二

《教師》という仕事＝ワーク

目次

序

永井　聖二

1　転換期の教師という仕事

教育改革が論議されるなかで、教師の資質や力量が改めて問われている。近年のたて続けの教員免許法の改訂にみられるように、その動きはなかなかに急である。

とりわけ義務教育レベルの改革では、総合学科や単位制高校、さらには六年制中等学校の創設といった「新しい学校づくり」が中心になっている後期中等教育の改革の動向と比較すると、教師―生徒関係を規定する教師の資質・力量そのものが改革の焦点とされてきた傾向は否めない。「総合的学習の時間」の新設、指導要録の見直し、「カウンセリング・マインド」の重視というような、本来は教師の役割ないし仕事のすすめ方とかかわりが強い筈のカリキュラム改革や、教師―生徒関係の改善への志向が強く認められるのは事実である。

もちろん、これらは高校教育にもかかわるが、一部の自治体の通学区域自由化の動きなどを別とすると制度レベルの改革に乏しい義務教育レベルでは、カリキュラムの手直しと併せて教師の養成や採用、さらには研修の改善を図ることで教師の資質・力量を高め、それによって学校教育の諸問題を解決しようとする期待が強いのが現状なのである。

古くから「教育は人に在り」といわれるように、教育の問題が教師の資質や力量の問題と深くかかわることは、当然といえば当然のことではある。教育改革の方向性が市場化、自由化のベクトルに沿って進むにせよ、地域や家庭の教育力に期待する共同体主義のベクトルが有力になるにせよ――おそらくは両者が混在するかたちで進行するのであろうが――魅力的な学校づくりは不可避の課題であって、その点からも教師の資質・力量にあらためて関心が集まるのも当然であろう。

2　教師の仕事とは何か

しかし、ここで問題なのは、今日の教師の資質・力量をめぐる論議の多くが、あい変わらず教師の人格を問題にすることに終始し、教師の仕事の変化にかかわる状況の変化が進行しているにも拘らず、何が教師の仕事なのか、という重要なテーマから外れたところに焦点を結んでいることであろう。

「資質・力量」とはいっても、厳密な意味では力量が問題にされることは少ない。「（ひとがらが）立派な教師」が求められてはいるが、「何ができる教師が求められているか」は問われることが少ないのである。当然の帰結として、教師集団の教育力への関心は乏しくなる。

例外としてそれが存在する場合には、臨床的な教師―生徒関係の親和性への要請へと傾斜するのが常である。「カウンセリング・マインド」という和製英語に代表される臨床主義には、学校と教師の仕事の社会的な意味を明らかにすることを妨げる懸念がつきまとう。強圧的な管理主義が方法的に妥当でないということはあっても、教師―生徒関係の親和性とは、教師の仕事とは何かについての冷静な検討を許さぬほど、何よりも重視されねばならない絶対的な規準といえるものではない。大人たちが子どもたちに対して何を要求するのか、何を要求しないのか、を明らかにすることなしには、変動する社会の学校を担う教師の仕事とは何か、という問いに答えることはできないであろう。

今日、われわれが経験しつつある学校教育の「転換」とは、ホームスクーリングや不登校の増勢といった動きにみられるような、学校教育に対する根本的な懐疑を背景としたものであり、社会の組織と結びついて学校で伝えられる「知」――すなわち学校知――の変換の要請を背景としたものである。今日の問題とは、単に個々の教育病理にどう対応するかにとどまるものではなく、二十世紀型の教育制度の崩壊の後に何が再構築されうるのかという意味の根源的なものである。

3　子ども観の変化と教師の仕事

社会の情報化との関連でいえば、今日必要なのは、情報メディアの発達に対応する教育の在り方をめざすということに限られるのではなく、社会そのものが情報化に伴って新しい形態をとること、それに伴う伝統的な学校知への転換にいかに対応するかが求められるということなのである。社会のそうした変化そのものが価値的にどう評価されるべきかは、おおいに検討されるべきであろうが、その変化を前提としたうえで個人の選択をできる限り広汎に認めるとして、そのうえで「教師の仕事とは何か」を検討する作業が、今後の学校の在り方を検討するうえで不可避の課題となる。

さらに、今日の教師モデルの揺らぎの背景としては、近代社会型の子ども観の動揺の問題があげられる。現代の社会変動のもとでの学校教育の困難の背景の一つは、消費社会化の浸透のなかで「大人と子ども」の境界が不明確化し、アリエス（Ariès, P.）のいう近代社会型の子ども観(1)――純真無垢にして保護されるべき存在としての子ども、逆にいえば大人に対し従順な子ども――への信仰が揺らいでいることをあげねばならない。

ニール・ポストマン（Postman, N.）によれば、現代の大人と子どもの境界の不明確化はメディアの発達に起因するというのだが(2)、いずれにせよ、近代社会において「子ども」を大人とは異なった存在として「保護育成」するうえで中心的な役割を果たした学校にとって、逆に近代社会の「子ども観」がその正統性の拠り所であったことは否定できない。

ところが、現在では、近代社会型のこうした子ども観は必ずしも絶対的な揺らぎのない存在ではなくなっており、「子どもの権利条約」にみられるような、新たな子ども観の主張がめざましい。近年のこのような子ども観の転換ないし揺らぎは、教師や大人の指導のあり方に異議を申し立てるものとなるばかりか、学校教育そのものの自明性、絶対性に疑問を投げかけずにはいないのであり、「教師の仕事」とは何かを改めて問うことにつながらざるをえないといえよう。

4　本書のねらい

本書は、以上のような転換期の認識を前提として、「変動する社会の、転換期の学校を担う、変わる教師の仕事とは何か」というテーマを、教育社会学の立場から解明することをめざしている。新たな動きを問題にするというよりは、学校の現状の記述を直接のねらいとする章もあるが、そこでも伝統的な教師―生徒関係の「揺らぎ」や教師の「ディレンマ」が強く意識され、今日の学校の変容、混乱がいかなるものなのかを検討することにつながることをめざしている。

教師についての社会学的な研究としては、さまざまな先達の業績をとりあげることができる。古くはウォーラー（Waller, W.）の『学校集団』（*Sociology of Teaching*）は、今日でいえばエソノメソドロジーの先駆と呼びうる方法と卓越した観察力によって、教師の世界を生き生きと記述している。[3]「教師と生徒は永遠の敵」「職業（教職）はそれにたずさわる人々のパースナリティーを歪めるもの」など、今日でも多くの示唆的な視点を与えてくれる興味深い労作である。

また、教室内の教師―生徒関係に焦点をあてた研究としては、教師と生徒の交渉過程という視点から教師の行為をとらえたウッズ（Woods, P.）[4]やデンスクーム（Denscombe, M.）のコントロールのストラテジーの視点からの分析が、今日に大きな影響を与えている。[5]

しかし、ここで明らかにされたのは、基本的には近代社会の安定した装置としての学校を担う教師の仕事の展開であり、教師と生徒の関係であったということができよう。もちろん、ウォーラーにせよ、ウッズやデンスクームにせよ、その関心には対立、葛藤、ディレンマがあり、否むしろディレンマや対立こそが彼らの研究的関心であったということはできる。

にも拘らず、それは学校という制度そのものの動揺を背景としたものではないし、学校で伝えられる「知」についての懐疑を反映したものではない。調和的な関係を前提としたうえでの葛藤、対立であり、ディレンマであるということができるのではなかろうか。

本書のテーマとは、まさにこの、学校という制度の疲労と学校知への懐疑の深まるなかでの、教師の仕事の変容と展望という問題である。各章それぞれの視角とテーマから、転換期の教師の仕事とは何かについて検討をすすめている。全体として、ポスト二十世紀の教師の仕事のあり方を明確に提示するところまでは至らないとしても、読者がそれぞれにそのあり方を考える素材を提供していることは認めてよいように思う。

注

(1) アリエス『〈子供〉の誕生—アンシァン・レジーム期の子供と家族生活—』みすず書房、一九八〇年。
(2) ポストマン『子どもはもういない』新樹社、一九八五年。
(3) ウォーラー『学校集団—その構造と指導の生態』明治図書、一九五七年。
(4) Woods, P.(1980), *Teacher Strategies*, Croom Helm.
(5) Denscombe, M.(1985), *Classroom Control : Asociological Perspective*, George Allen & Unwin.

第Ⅰ部　教育実践の特質

第1章　変わるカリキュラムと教育実践
――教師の可能性としての「総合的な学習の時間」

紅林　伸幸

1　はじめに：《授業》への挑戦

なぜ、あんなにも私の学級と違っているのだろう、と考えれば考えるほど、落ち込んでくる。最近、燃え尽き症候群（燃えた記憶も定かではないが）に陥っている私には、あまりにも強すぎる刺激だった。

子どもの事実の積み重ねと授業上のシステムがあのような授業に、子どもに変えるのだろうか。公開の社会科での授業で、消防団のことで討議しているとき、築地先生が子どもに迫るシーンがあった。「なぜ、あなた方のお父さんが消防団に入らないの！」

あの発問？セリフが最大の山場だった。子ども達に切り返し、自分の問題として考えさせるには十分だった。あのどすのきいた（失礼）迫力のある声。今も私の脳裏に焼き付いている。
四時間近く、三十センチ四方の狭いスペースに立ちっぱなしの授業参観は、私の教師生活に、ひとつの節を与えてくれた。

（宮沢宏祐「築地学級参観記」『授業研究』八九年五月臨時増刊号、明治図書、一五一―一五二頁）

今から一〇年ほど前に、多くの小学校教諭の注目を集めた実践があった。当時静岡市立安東小学校の教諭であった築地久子先生の実践である。築地実践を参観した者は誰もが、築地学級の子どもたちの積極的な授業への取り組みに驚いた。活発な発言。子どもたちは我先にと発言を競い合う。一度も席に着かずに、授業に参加している子どもたち。その隣には静かに席に座りノートの整理をしている子どももいる。子どもたちの自由な活動。黒板に自分の調べてきた資料をはる子。先生に話しかける子。みんなの輪を離れて個別に友だちと議論を交わす子。無秩序な教室空間。しかし、その真ん中には常に教師が不在でも進行する子どもたちの討論形式の学びの場があった。

この実践は築地教諭が抱いていたふつうの授業に対する〝「変な世界」から少しでも抜け出したい〟という思いから始まっていた。授業を「変な世界」と呼ぶ築地教諭が、当時の学校で一般的におこなわれていた授業実践の特徴としてあげているものは、どれもふだん私たちが当たり前のこととして受け入れているものばかりである（資料1）。

資料1：築地久子による授業という変な世界（抜）

・黒板は教師がその時間の問題を書いたり、まとめを書いたりするものであると思いこんでいる
・子どもが主役であるはずの授業でも子どもが教師の指示待ち、許可待ちをしている
・子どもも教師も、授業の導入が教師の脈絡で行われて当たり前と思っている
・授業の資料や教具は、教師が用意するのが当たり前である
・子どもはたとえおもしろくない授業であってもよそ見や手いたずらをしてはいけない
・授業内容に関したことでも、教師の指示や許可がなければ、私語も、席を離れても、室外に出ていってもならない
・どんなときでもどんな話でも、人の話を最後まできちんと聞かなければいけない
・話す者も大きな声ではっきり話し、困っても照れたりにやついたりしない
・教師や教科書を疑ってはならない
・教師は子どもの雰囲気作りや学習に関心を持たせるためならば、いろいろな振りをしたり、うそをついてもよい
・授業の終了の決定は教師およびチャイムがする

（藤岡　一九八八　四一―四三頁より作成）

しかし、あらためて指摘されてみると、確かに授業というのは「変な世界」である。そこから少しでも抜け出したいという思いは、築地教諭だけのものではないだろう。当時築地実践に関心をもち、築地実践の参観に訪れた教師はもちろんのこと、築地実践を知らない教師たちのなかにも、同

様の問題意識をもって授業改善に取り組んできた者は少なくない。彼らの試みによっていくつもの優れた実践が生み出されてきたことは周知のとおりである。けれども、そうした取り組みは、個々の教師、学校ごとの教師集団の力量に任されてきた観があった。したがって、ともすれば、優れた実践はその実践者のパーソナリティ故の実践であり、他の教師との間で共有することが困難なものと考えられてきたのである。これが教育現場からの授業改善の実情であり、限界だった。

あれから一〇年がたって、いま授業の根本的な改革がおこなわれようとしている。「総合的な学習の時間」の新設である。

2 「総合的な学習の時間」という試み——新教育改革のレイアウト

平成一四年度から小・中学校において完全実施となる新学習指導要領を中心とする教育改革のコアをなす「総合的な学習の時間」は、各学校が「地域や学校、児童の実態等に応じて、横断的・総合的な学習や児童の興味・関心に基づく学習など創意工夫を生かした教育活動を行う」時間として、「1．自らの課題を見つけ、自ら学び、自ら考え、主体的に判断し、よりよく問題を解決する資質や能力を育てること」と、「2．学び方やものの考え方を身につけ、問題の解決や探求活動に主体的、創造的に取り組む態度を育て、自己の生き方を考えることができるようにすること」の二つをねらいとしている。(1) これらのねらいはこれまでの教育課程にはなかったものであり、むしろそれに対する反省を意味している。従来の教育課程が教えられて学ぶことを児童生徒に強い、児童生徒の学習を受け身的で暗記的なものにしてきたことを反省し、主体的に自らの課題を見つけ、自ら学ぶという課題探求型の学習へと、学習のスタイルを転換しようとするものなのである。したがって、この時間は授業という形をとっても、生徒と教師に従来とはまったく異なる活動を期待している。たとえば、新指導要領には、学習活動をおこなうに当たっての配慮事項として以下の三点があげられているが、そこにははっきりと生徒教師に期待されている役割の転換が示唆されている。

(1) 自然体験やボランティア活動などの社会的体験、観察・実験、見学や調査、発表や討論、ものづくりや生産活動など体験的な学習、問題解決的な学習を積極的に取り入れること

(2) グループ活動や異年齢集団による学習などの多彩な学習形態、地域の教材や学習環境の積極的な活用などについて工夫すること

(3) 国際理解に関する学習の一環として外国語会話等を行うときは、学校の実態等に応じ、児童が外国語に触れたり、外国の生活や文化などに慣れ親しんだりするなど小学校段階にふさわしい体験的な学習が行われるようにすること

ここからわかることは、「総合的な学習の時間」が学習の場に新しい活動を持ち込むものだということである。それは、これまで教師の自由で創造的な授業づくりを制限し、子どもたちの積極的な学習活動への取り組みを阻んできた《授業》という足枷を取り除き、児童生徒主導の学習や個性的で多様な学習活動を奨励することであり、過去に現場教師たちが個別に(あるいは学校単位で)試

みてきた授業の「変な世界」壊しを制度的に推進しようとするものなのである。その意味で、この施策は教育現場の潜在的なニーズと基本的には一致している。けれどもすべての教育現場が「総合的な学習の時間」の登場を必ずしも手放しに歓迎したわけではないことも事実である。これにはいくつかの理由が考えられるが、とりあえず次の三つを指摘することができるだろう。

第一は、「総合的な学習の時間」が教師にとってまったく新しい教育課題であり、彼らがこれまでに《授業》の教育活動を通じて蓄積してきた経験のなかに、そのためのレパートリーを見いだすことができないことである。教師は十分な準備の時間が保証されないままに、この新しい教育にとりくまなければならないのである。第二は、この新しい教育が、教師に多大な負担を強いるにもかかわらず、従来の教育に完全に取って代わるものではないことである。したがって教師は従来の教育と新しい教育の二つを並行しておこなわなければならない[2]。第三は、この改革案が再び現場に有無をいわせない新たな規範となることに対する危惧があげられる。この改革案は、従来の教育の強制的な側面を壊すことに主眼をおくものであるが、そのことが新しい教育の画一的な強制につながりかねないことを、《授業》として教育をおこなうことを強制され続けてきた教育現場は直感的に感じ取っているのである。もっとも、この問題については、今回の改革が「大綱化」という新しい政策原理にもとづいておこなわれていることを考慮する必要があり、後でもう一度取り上げたい。

以上のような教育現場の反発は、今回の改革が教育現場が望んできたものと基本的には一致しているものの、現場主導でおこなわれたものではなく、その導入を先導したものが現場とは別のところにあることを示唆している。「総合的な学習の時間」の導入を推進したものは何なのだろう。

3　社会の変化と教育の変化

戦後五〇年、学習指導要領による教育の外的規制を基本原則とするわが国の学校教育は、ほぼ一〇年の間隔でおこなわれる指導要領の改訂を通して、内容の精選や、若干の内容の変更などの改革をくりかえしてきたが、教科を中心とした学習指導領域の枠組みに手が加えられることはほとんどなかった。けれども、前回の改訂（八九年改定）で「新しい学力観」が採り入れられ、生活科が小学校低学年に創設されると、それらの一応の定着を受けて、今回、小学校中学校高校のすべての学校段階で「総合的な学習の時間」が設けられることになった。これは、学習指導の領域に本格的にメスを入れたという意味で画期的なものである。その背景として以下の三つを指摘しておきたい。

第一は子どもを取り巻く社会的環境の変化である。急速な技術革新の結果として、社会の変化はその速度を速め、子どもたちの生活環境も刻々と変化している。情報化をはじめとして、国際化、少子化、高齢化、ボーダーレス化等々と、変動の渦中にある現代社会を表現する言葉は枚挙にいとまがないが、そうした変化の一つひとつが子どもたちの生活を大きく変えようとしている。今回の教育改革の基本路線を敷いた第一五期中央教育審議会が一九九七年六月に発表した第二次答申「二十一世紀を展望した我が国の教育の在り方について」には、「これからの我が国社会は、国際化、情報化、科学技術の発展、さらには高齢化・少子化などといった急速な変化に直面し、先行き不透明な厳しい時代を迎えることとなる。こうした社会の変化に柔軟に対応できる、個性的な人材や創造的な人材を育成することは、我が国が活力ある社会として発展していく上で不可欠である。特に、経済や科学技術などの様々な面で、我が国が自ら新しいフロンティアを開拓し、国際社会に貢献していく必要性が高まっており、個人の多彩な能力を開花させ、創造性、さらには独創性を涵養していくことは、教育における極めて重要な課題となっている。」として、社会の変化に的確に対応する教育の必要性が率直に語られている。

教育改革の背景の第二は子どもたちの問題行動の変質と、それへの社会的な関心の高まりである。一九八〇年代以降教育問題の中心に位置づけられているいじめや不登校は、問題を抱えているのが、学校というシステムからはみ出した子どもよりもむしろ、教育システムに適応していると思われるいわゆる優等生や普通の子だという認識を一般的なものにした。一九九七年に神戸で起こった一四歳の少年による連続殺傷事件と、年が明けて連続して起こった中学生たちのバタフライナイフを用いた殺傷事件は、少年犯罪の凶悪化と低年齢化と同時に、こうした普通の子に対する危機意識をいっそう強めることになった。学校の日常のなかに子どもたちを衝動的な犯罪へと駆り立てる何かがあるという問題意識が共有され、巷には学校が変わらなければならないことを主張する言説があふれた。ちなみに、現在、関心を集めている小学校の学級崩壊も、こうしたまなざしのなかで問題化されたものであるということには留意する必要があるだろう。こうした関心が、子どもの問題行動への対応を教育の主要な課題とすることになったのである。一九九八年六月に第一六期中央教育審議会がおこなった答申「新しい時代を拓く心を育てるために──次世代を育てる心を失う危機──」は、学校を心を育てる場として再編する必要を謳っているが、そこでは、不登校、問題行動、いじめ、薬物乱用、援助交際などを、子どもたちの問題として取り上げ、それらへの対応が教育改革のあらゆる局面で考えられなければならないことを指摘している。

背景の第三は社会からの要請である。これは社会経済的なものと、社会政治的なものの二つがあり、社会経済的なものとしては新しい企業社会人の育成という課題が考えられる。学校教育は人格の完成をその目的の一つに掲げているが、同時に社会が必要とする人材を育成するという機能を果たしてきた。学校教育が学歴主義という問題を指摘され、その改善を求められながら果たせずに来たのは、学校の人材育成が経済構造と深く結びついてきたからに他ならない。けれども九〇年のバブル崩壊後、急速にわが国の企業は変化に向かって進み始めた。中央教育審議会の現状認識のなかにも、「経済構造が大きく変化し、終身雇用や年功序列などの日本型雇用慣行が揺らぎ、企業を取り巻く環境が厳しさを増しつつある今日、企業においては、採用や昇進の在り方を改革しようという動きが現れている」（中央教育審議会第二次答申「二十一世紀を展望した我が国の教育の在り方について」一九九七年六月）と、この点に関する指摘が見られる。企業ならびに経済構造、社会構造の変化は、企業が必要とする人材の質を大きく変え、新しい経済構造、新しい企業組織が必要とする人材の育成を学校に要請することになったのである。

一方、社会政治的な要請としては規制緩和という課題を指摘しなければならない。現在施行されている政策の多くは規制緩和を共通のキーワードとしており、ここ数年の政府は「大綱化」によってそれを実現しようとしてきた(3)。とりわけ文部省が繰り出す政策にその傾向は顕著であり、教育改革も例に漏れず、さまざまな局面に大綱化を認めることができる。当然、「総合的な学習の時間」も大綱化的な思考と無関係ではない。このことは新しい教育を考える上での重要なポイントのひとつである。

以上のようなさまざまな社会の変化のなかで「総合的な学習の時間」は登場した。いわば、社会の変化が「総合的な学習の時間」という新しい教育を必要としたのである。けれども、上記の変化が学校教育に新しい目標を用意し、その実現のために新しい教育が生み出されたという理解では、この教育の特徴の一面しかとらえることができない。なぜなら、現在起こっている社会の変化は社会を構造づけている原理そのものの転換を含んでいるからである。

教育改革の方向性を社会の情報化という観点から検討している藤田英典(4)は、情報化という社会の変化が、情報メディアが発達し、社会生活における情報および情報の所有の価値が高まることと、社会が情報のもっている構造特性を自らの組織編成に取り込み、《情報》的な社会として存立するようになることの二つのフェイズから成り立っていることを指摘している。この二つのフェイズは密接に関連しつつ、あくまで別個に、教育にある種の在り方を要請する。前者は情報化に対応するための教育という形で、学校に新しい教育の目標を要請し、後者は情報化のなかの教育として、新しい規範、新しい構造化のコードを要請することになるのである。「総合的な学習の時間」もこの二つのフェイズにおいて特徴づけられていると考えなければならないだろう。

4　新しい社会のための「総合的な学習の時間」

まず新しい社会に対応するための教育という観点から考えてみよう。前節で指摘したこと以外にも、学習観ならびに知の転換について考えておくことが必要だろう。

高度に情報化した現代社会は、多様な情報メディアが発達し、大量な情報に誰もがいつでも触れることができるようになっている。このことは社会にはごく限られた正統な知識が存在し、それを伝達する特別な機関が必要であるという信念を否定する。また、予測できないほどの速度で展開する変化に対応する力が必要とされる技術革新社会では、既得の知識よりもむしろ、新規の知識にアクセスする能力こそが重要視される。つまり、《ストックする知識》から《アクセスする知識》への知の転換が起こっているのである。こうした新しい社会では各人が自分のなかに知識を貯蔵しておく必要はなく、その時々に問題意識をもって必要とされる知識にアクセスを図ればよい。学校教育は新しい社会が必要としているこの新しい能力を子どもたちに培うことが期待されている。けれども、正統なものと価値づけられた教科知識の習得を学習と見なしてきた従来型の教科学習は、この変化に対応していない。それに対して、「総合的な学習の時間」は、課題探求型の学習を基本スタイルとすることで、知識にアクセスする活動そのものを主要な学習活動として子どもたちに期待する。そこでの知識はストックするものではなく、アクセスするものとなっている。つまり、新しいスタイルの知をもつ人材を育成する教育として「総合的な学習の時間」は登場してきたといってよいだろう。

5　新しい社会のなかの「総合的な学習の時間」

それでは、新しい社会のなかの教育という観点から考えるとどのような特徴が浮かび上がるのだろうか。「総合的な学習の時間」は社会的に構造化された社会的事実として、現在の社会を構造づけているコードを他の社会システムと共有している。たとえば、「総合的な学習の時間」の特徴のひとつに学習の個別化・個性化があるが、これは年功序列・終身雇用という非競争的なシステムからより競争的な能力主義システムへの転換を図りつつある、現在の企業社会の規範と一致している。企業が個々人に個別的な専門性を求め始めたように、学校は子どもたちに個別化された個性的な学習を求め始めている。

学習全体が個別化すると、学習の内容と形態は多様なものとなる。学習者は自分の興味関心にあった学習を主体的に選択しなければならない。個別化し個性化した「総合的な学習の時間」は、学習者に自己決定・自己責任を強いることになり、新しい教育によって生じるであろうさまざまな格差や結果の不平等は自己決定・自己責任原則によって処理される。これは、さまざまな社会的責任を自己決定・自己責任原則によって個人に帰属させて処理しようという、現在の社会政治的なコードと一致している。

以上の学習の個人化と並んで「総合的な学習の時間」の構造特性として注目しなければならないものが開放性である。「総合的な学習の時間」は、国際化等の社会的関心とつながり、教科の枠にとらわれず、学習の場を教室に限定しない、開かれた学習の時間である。これらの開放性は、情報化社会のもつ脱分節化という構造化コードに関わっている。情報化社会とは、先の藤田の説明によれば、情報の基本的特性である越境性と浸透性によって構造づけられた社会である。藤田は、情報化以前の社会を学校化社会と呼び、そこでは学校の構造特性である、さまざまなものを分節化し境界づけることによって一定の秩序が保証されていたとし、情報化社会は、その分節的な秩序構造が揺らいでいる社会と特徴づけている。現在の学校教育がもっているさまざまな境界を破壊する開放性は、情報化社会のこの脱分節性と重なるものなのである。

さらに、この脱分節性は「総合的な学習の時間」の総合性に関連していると考えることができる。「総合的な学習の時間」の総合性は教科の総合との関連で語られがちであるが、「総合的な学習の時間」に期待されている総合性はそれだけではない。教育課程審議会の答申によれば、それは、教科間の総合、総合的テーマの設定、教育課程領域の総合、学習法および指導法の総合、学習形態の総合、指導体制の総合、教育空間の総合、総合的な評価など、多様なものを指している（資料

2)。ここで注目したいことは、それが学習の総合性だけでなく、指導や評価という教師の活動を含んでいる点である。つまり、「総合的な学習の時間」はその総合性によって、生徒の学習活動ばかりでなく、教師の教育活動(教授と指導)の再編をも視野に入れているのである。

資料2:「総合的な学習の時間」の総合性(抜)

1. 各教科、道徳、特別活動それぞれで身に付けられる知識や技能を児童生徒の中で総合化することをねらいとする
2. 国際理解・外国語会話、情報、環境、福祉などについての横断的・総合的な学習などを学校の創意工夫を生かして実施する
3. 教科の枠にとらわれた指導にならないようにする
4. 自然体験やボランティアなどの社会体験といった実体験、観察・実験、調査、ものづくりや生産活動など体験的な学習、問題解決的な学習を重視する
5. ある時期に集中的に行うなどこの時間が弾力的に設定できるようにするとともに、グループ学習や異年齢集団による学習など多様な学習形態
6. 外部の人材の協力も得つつ、異なる教科の教師が協力し、全教員が一体となって指導に当たるなど指導体制を工夫すること
7. 校内にとどまらず地域の豊かな教材や学習環境を積極的に活用することを考慮する
8. 活動への参加状況や参加意欲、報告書などから学習の成果を適切に評価するなど、評価の在り方を工夫する

(「教育課程の基準の改善の基本方向について(中間まとめ)」一九九七年一一月)

以上にみてきた「総合的な学習の時間」に期待されている特徴は、新しい教育が、この新しい社会の構造特性によってまったく新しい教育として根本的に再編されようとしていることを示してい

る。まったく新しい教育とは、新しい教育内容と新しい教育方法をもつだけでなく、そのすべてが新しいものであることを意味する。すなわち、教師もそこでは新しい社会の構造特性によって、新しい教師として構造化されなければならないのである。教師が変わらずに、これまでの教師のままでいるならば、新しい教育をおこなおうというどんな努力も、これまでと変わらない教育にとりこまれてしまうにちがいない（紅林　二〇〇〇）。

6　新しい教師役割の模索

「総合的な学習の時間」に象徴される新しい教育は、教師に新しい教師になれという容易ではない課題を突きつけていると言ってよいだろう。前段の議論にもとづけば、新しい教師は新しい教育を構成する要素のひとつとして、それと構造特性を共有していなければならない。それは教師役割の個人化と脱分節化として示すことができる。

教師の〈個人〉化

新しい教育は、児童生徒の学習を個別化し、個性化する。そして、学習の責任を個人に帰属させる。同じことが教師にも当てはまる。それは教師が個性的でかけがえのない存在として子どもの前に立つことであり、自身の実践を責任をもってつくり上げていくこと、すなわち教師が〈個人〉として教育に携わっていくことにほかならない。

教師の〈個人〉化においては、教師のおこなう教授活動と評価行為が個々の児童生徒に即したものでなければならないことはもちろんだが、さらに、教師自身が自らの興味関心や意見をもって教授活動に携わることが重要となる。教師は個に応じた教育をおこなう主体であると同時に、教師自らが個として教育をおこなう主体でなければならないのである。これは教師が日常的におこなっているすべての教育実践が、教師にとって自己決定・自己責任の原則にもとづいたひとつの選択の行使であることを意味している。

しかし、教育実践の〈個人〉化を図ったとき、問題となるのは、教師ごとに教育の質が異なるおそれがあることだろう。平等主義を基本原理としてきた従来の教育は、教育実践が個々の教師によって主体的に営まれることによって予想される不均等で偏差のある教育を、学習指導要領と教科書、そして《授業》という教授―学習スタイルの定型化によって拘束し、実践を形式的に画一化、没個性化して回避してきた。ここにはすべての子どもは同じであるという暗黙の前提があった。子どもたちが同じスタートラインに立っているという前提があって初めて、均一な教育によってもたらされる結果は、個人の能力と努力の結果と見なすことができるのである。これに対して、個々の子どもに応じた教育を謳う「総合的な学習の時間」は、一人ひとりが個性的であるという前提へと転換を図ることで、教育実践を外的に拘束してきた均一化の枠組みをことごとく排除し、教師の主体的な実践を可能にしたのである。しかし、それは教師が何を教育しても、どんな教育をしてもよいということではない。教育は一定の質と水準の維持を確保しなければならない。従来の教育がそれを外的な拘束的コントロールに求めたのに対し、新しい教育は教師の自律的なコントロールによってそれを図ろうとしている。《学校》という教育共同体が今回の教育改革においてことさらに強調されているのはこのことと無関係ではないように思われる。新学習指導要領では、改訂のねらいとして「各学校が創意工夫を生かし特色ある教育、特色ある学校づくりを進めること」があげられ、とくに「『総合的な学習の時間』を創設し、各学校が創意工夫を生かした教育活動を展開」するように述べられている。新しい教育の試みが学校単位でおこなわれるべきであることの強調は、「特色ある学校」との関連で語られることが多いが、もうひとつのポイントが教師集団の総合を意味する教師の共同性にあると考えることができる。《学校》という教育の共同体を強調することで、個人として立つ一人ひとりの教師が独善的に教育実践をおこなうのではなく、協同的に新しい教育実践を生み出し、教師集団の責任のもとにそれらを自律的にコントロールしていくことが示唆されているのである。

教師の脱分節化

教師の〈個人〉化が教師役割の内部的な問題であるのに対して、脱分節化は外部との関係性に関わっている。それは浸透性と越境性の二点から検討することができる。

浸透性は、教師役割に従来の教師役割でとらえきれない要素が入り込んでくることを意味し、たとえば、教師にカウンセリングマインドをもつことが求められるようになってきていることなどは、本来はカウンセラーという専門職がもっている態度が教師役割のなかに浸透してきているケースと考えることができる。

一方、越境性は社会的な役割間の相互的な交流を意味し、地域の人たちや他の職業に携わっている人たちに臨時の教師として授業に参加することや、学校にスクールカウンセラーが設置され、これまで教師がおこなってきた児童生徒の心のケアを部分的に請け負うようになっていることなどが指摘できる。しかし、この越境性という観点から特に注目しなければならないことは、いま教師自身に《教師》という枠組みを越えていくことが求められるようになっていることである。従来、教師という役割は教授と評価という二つの役割行為と関連して成り立っており、教育のもう一つの主要な活動である学習は基本的に児童生徒という役割に帰属している。しかし、いま、教師には、教授し、評価する教師であることを越えて、学習する主体となることが認められ、求められるようになっているのである。

学習する教師という提言は、昔から教育現場には「教師も子どもから学ばなければならない」という言葉があり、取り立てて新しいものではないようにも見える。確かに、多くの教師は子どもたちの日々の言動から、子どもについての知識を学びとっている。「この子はどんな子なのか」という個々の子どもについての知識から、「子どもとはどんなものか」という子ども一般についての知識まで。教師が経験のなかで成長していくのは、おそらくこうした学習が日常的におこなわれているからだろう。けれども、《授業》のなかで、教師が子どもたちと同じ場所に立ち、同じように課題に取り組み、同じように教材から豊かに学ぶことはきわめてまれである。たいてい《授業》において教師は自身が児童生徒に答えることを求めている正答をあらかじめ知っており、それを子どもたちから引き出すための努力に終始している。《授業》は、教師が児童生徒と同じように課題を学習しないことを前提にして、教師が教授と評価という二つの役割行為をおこなうことができる構造になっているのである（紅林　一九九五）。

これに対して、「総合的な学習の時間」は従来通りの教授と評価をおこなわなくてもよいものとして構想されている。したがって、教師がその時間のなかで自ら学習する主体となることが許される。このことは、課題や教材への取り組み方に大きな転換をもたらすことが予想される。

従来の《授業》型の教授―学習観によれば、教師はこの時間に子どもたちが学ぼうとしていることをあらかじめ予想してそれに備えなければならない。また、子どもたちの学びの展開を予測し、それに適切に指導的な対処をおこなうことが求められる。そのための努力が現在も多くの学校で「総合的な学習の時間」の準備のためにおこなわれている。そうした教育現場の努力は子どもたちによりよい学習の機会を提供するものとして重要だろう。けれども、個々の児童生徒の興味関心に即すことをすべての子どもに対して一人の教師がおこなうことは、そもそも不可能である。それが自明であるだけに教師の負担は大きいものとなっている。

教師が従来の教師役割を越えて、学習する主体として「総合的な学習の時間」に取り組み、そこで主体的に学ぶ個々の子どもたちに向かい合うことは、これとはまったく異なる関わりを教師に可能とする。教師は一人ひとりの子どもの学習に寄り添い、いっしょにその課題に取り組み、自らがそこで豊かに学ぶことが許されるのである。これは、「総合的な学習の時間」の総合性に返って考えれば、児童生徒と教師の総合的な学習といえるだろう。教師は子どもがいまこの場所で向き合っている課題について自身が豊かに学ぶことによって、そこでの子どもたちの学習を、豊かな協同的な学習にしていくことができるのではないだろうか。

「指導する教師」から「支援する教師」へ

ところで、「総合的な学習の時間」における教師の在り方は、《支援》という言葉によって語られることが一般的になっている。《支援》という関与のモデルは、言語習得期の乳幼児に関わっていく保護者の態度と、来談者中心療法のカウンセリングにおけるカウンセラーの態度に求めることができる。

乳幼児と保護者のコミュニケーションはたいてい次のように展開していく。それはまず子どもから始まる。大人は子どもが口にした言葉や動作を取り上げ、それらのなかに意味を読み、その意味にもとづいてゲームをつくり上げ、そのなかに子どもを引き入れる。けれども子どもはつねにゲームからはみ出していく。大人が用意したゲームとは無関係な行動を始めたり、まったく別のものに関心を移す。大人はしばらくはそのゲームを継続し、子どもを引き戻そうとするが、そのうちに子どもの新しい言葉や動作を取り上げて新しいゲームを開始する。乳幼児と保護者のコミュニケーションはこのプロセスの繰り返しによって成り立っている（加藤他　一九九二）。このコミュニケーションの特徴は、第一に大人ではなく子どもの側がコミュニケーションの主導権を握っていることであり、第二に大人の関わりがつねに子どもに寄り添うように展開していくことである。

一方、来談者中心療法のカウンセリングのコミュニケーションは、ひたすらクライアントが自分のことを語る特殊なコミュニケーションである。[5] カウンセラーは自分の意見を言わないこと、クライアントに指示を出さないことを心がけている。カウンセラーは基本的に、クライアントの言葉に相づちを打ち、うなずき、反復するだけである。相づちやうなずきや反復は、クライアントの言葉を引き出すための重要な技法であるが、同時にそれらはクライアントの言葉を丸ごと受け入れる態度を意味している。すなわち、カウンセラーはその間ひたすらクライアントの言葉をわかろうとしているのである。「共感」という現実には実現不可能なわかり方を理想的な目標として掲げ、カウンセラーはひたすらクライアントに寄り添って彼らの言葉を聞くのである。

ここにあげた二つの支援的なコミュニケーションは、一方がきわめて日常的で自然な場面でのやりとりであるのに対して、他方は日常の生活のなかでは通用しない専門化した特殊なコミュニケーションである。にもかかわらず、両者は共通の特質をもっている。支援する者がコミュニケーションの主導権をもたず、終始支援される者の態度や状態や変化に寄り添おうとしていることである。「支援する教師」に必要とされる態度もここにあると考えてよいだろう。ただし、これは、教師がカウンセラーと同じように自分の意見を述べることを控えたり、児童生徒から距離をとることによっては達成されないに違いない。教師がそのような姿勢で臨むならば、教師はあいかわらず《教師》という特殊な役割のなかに自らを閉じこめることになる。自分の興味関心にもとづいて学ぶ子どもたちは、自分自身をむき出しにして課題に取り組んでいる。そんな彼らに寄り添う教師には、彼ら自身もまた自分の生活感覚や生き様をもって子どもたちと向かい合うことが求められる。それは、社会的な教師役割のなかに封じ込められた脱人格化した教師ではなく、一人の人格をもった教師として子どもと向き合うことといってよいだろう。冒頭にあげた授業実践のなかで、築地教諭は語気を強めて子どもに問いかけた。「あなたのお父さん、(消防団に)入ってくれるの?」。それは討論のなかで飛び交う発言のなかにひとりの子どもの声を聴いた築地教諭が、その子どもに対して何としても投げかけねばならなかった問いだったのである。

7　おわりに:「総合的な学習の時間」と教師の課題――実践の大綱化のなかで

ここまで、「総合的な学習の時間」を中心にして、新しい教育が要請する教師役割について検討してきた。本章を終えるにあたって、以下の二点について補足的に確認しておきたい。

第一は、現在進行中の教育改革をめぐる動向のなかに、ここまでに述べてきた教育改革の構造的な特性と矛盾するようなものが認められることである。幾度も述べてきたように、この改革は大綱化という規制緩和の枠組みのなかでおこなわれ、「総合的な学習の時間」は教育のあらゆる側面を総合化することによって実践の自由度を高めようとしている。けれども、教育関係者のなかには枠づけられた実践の発想から抜け出していない者が少なくない。新しい実践をつくり上げるための議論も、自由な発想で新しい実践を創造するというよりは、既存の実践例に学ぶことが中心になっているようである。確かに学校教育の長い歴史のなかで生み出されてきた「総合学習」や「合科学習」をはじめ、個々の教師が個別に試みてきた授業こわしという授業改善の実践のいずれもが、「総合的な学習の時間」の優れた範例となりうる可能性をもっている。過去のあるいは既存の実践例から学ぶことの意義を否定するわけではないが、大綱化の理念に立てば、それらはみな「総合的な学習の時間」の「総合」のバリエーションのひとつであり、基本的な姿勢は、教師集団が共同作業によって多様な観点から新しい理念のもとに新しい実践をつくり上げるものでなければならないだろう。そのためには、個々の教師や教師集団に発想の転換が求められることはもちろんだが、文部省や教育委員会による学校に対する指導のあり方が問題になることはいうまでもない。また、教師集団のリーダーたる校長の権限が強化されようとしているが、学校裁量権の拡充という外に対する強化を欠いて教師集団に対してのみ強化されるようなものであってはならないだろう。以上のことは教師集団の自律性という観点からも注視していく必要がある。

第二は、ここまで述べてきた変化の行方そのものの評価である。本章では、ここまで、教育が社会の変化に応じて変わることを無批判に受け入れてきた。けれども、先の知識の問題もそうだが、今ここで起こっている変化を私たちはそのまま受け入れてよいのだろうか。スペースの関係でもはや十分な議論を展開することはできないが、次の点を指摘しておくことは必要だろう。

現在の変化を受け入れるならば、社会も、学校も、行き着くところは個人主義をベースにした共同体である。個の確立、個の尊重、個人こそが新しい共同体の基盤となる。しかし、そうして営まれる協同は、一人ひとりが自身の必要に応じて協同する自分のための共同体なのである。このような「私的利益に基づく以外の人間関係の可能性を切り落とす」共同体の問題点を、アメリカの社会学者R・N・ベラーは、次のように指摘している。

> ここには「こうすべきである」や「こうしなければならない」が入り込む余地はない。こういったものは外的・強制的な権威主義の進入として拒絶される。許容される道徳といえば、当事者の同意のもとにあるものであればすべて正しいといった式の純粋に契約的な同意のみである。しかし絶対的な自由な自己という概念が絶対的に空虚な自己の概念に行きついたように、完全な心理学的契約主義の行きつく先は絶対的に空虚な人間関係の概念である。この空虚な人間関係によっては、人間関係に豊かさ、持続性を支えることはできない。(p. 170)

教育は社会の変化に突き動かされて形を変えていく。現在、学校教育はその渦中にある。けれどもそうした社会の変化に異議を申し立てることが必要ならば、学校はそれをしていかなければならないだろう。少年犯罪が増加する社会に歯止めをかける任務の一端を学校教育が負っているように、「自分のための共同体」へと向かう社会に異議を申し立て、それとは違う共同体性を社会のなかにつくり上げることが必要となるかもしれない。それを判断していくこともまた、主体的な決定と責任をもって教育実践を請け負っていく、新しい教師と教師集団に課せられた大きな課題なのである。

注

(1)以下の学習指導要領および答申の引用はすべて文部省公式ホームページ(ホームページアドレス http://www.monbu.go.jp)からのダウンロード。

(2) 現場教師はこれまで、彼らが学校教育の中心と認識している教科領域の教育、すなわち授業実践の改善を通じて、教育が抱えているさまざまな問題の解決を試みてきた。つまり教師は子どもたちの主体的な学習、効率的な学習を実現するために、授業に工夫を凝らし、改善をはかろうとしてきたのである。今回の改革は、教師たちが独自におこなってきたそうした試みを、「総合的な学習の時間」という特定の時間のみに集約させるものであり、教師の時間的なゆとりと労力はそこに奪われることになる。したがって、基礎基本の習得のために取り置かれた教科学習に授業改善の努力を向けることが困難となる。教育が二元化することの危険性はここにある。教科学習を担う授業を「総合的な学習の時間」の導入に併せて改変しないかぎり、授業は基礎的な知識や基本的な手続きを習得させる場として従来の形態をいっそう強めるか、あるいはその機能を塾に委託せざるをえなくなると予想される。

(3) 大綱化とは、大きく強力な規制枠組みを設定することで、その枠組み内の自由を最大限に保証しようという「規制緩和」のための政策手法のひとつである。教育関係では、一九九一年の大学設置基準の大綱化や教育課程の基準の大綱化・弾力化などがある。ただし、大綱化が表だって語られていないものであっても、チャーター・スクールの認可など、近年の文部省の施策の多くは同じ原理を共有している。大綱化は組織が自律的な規制力を持つことを前提にしており、新教育改革においては校長の権限強化がこの点に関わるものとしてセットにして論じられなければならない。

（4）藤田は現在の社会の変化に無批判に乗るような教育改革の在り方に否定的である。その詳細は『教育改革』（一九九七）、『21世紀の教育をどうするか』（二〇〇〇）に詳しい。

（5）カウンセリングの理論と技法は多種多様なため、一括してカウンセリングとはこうだと述べることは難しい。ここでは、学校教師にカウンセリングマインドをもつことが求められている現状に鑑みて、教育関係者にもっとも受け入れられているC・ロジャースの来談者中心療法を取り上げた。来談者中心療法ではカウンセラーは基本的にクライアントの言葉に反論したり、自分の意見を言ったり、指示を出したりしてはならないとされている。しかし、これはすべてのカウンセリングに共通のものではない。カウンセリング理論のなかには、カウンセラー自身が感じたことを率直に語ることに価値をおくものや、クライアントに明瞭な指示を与えるものもある。ロジャースもエンカウンターのなかではかなりはっきりと自分が感じたことを言葉にして発言者に突き返している。

参考文献

尾崎ムゲン（一九九九）『日本の教育改革』中公新書
加藤隆雄・紅林伸幸・結城恵（一九九二）「1歳児と養育者の相互作用における社会的行為の構造―幼児の〈半行為〉と成人による〈過剰解釈〉―」『家庭教育研究所紀要』第一四号
紅林伸幸（一九九五）「授業コミュニケーションと社会化―国語科授業実践の社会化構造に関する教育社会学的考察―」『東京大学大学院教育学研究科紀要』第三五巻
紅林伸幸（二〇〇〇）「変わる教育と新しい教師役割の構築」伊藤敬編『21世紀の学校と教師』学文社
児島邦宏（一九九八）『教育の流れを変える総合的学習』ぎょうせい
佐伯胖・大村彰道・藤岡信勝・汐見稔幸（一九八九）『すぐれた授業とはなにか』東京大学出版会
佐伯胖・藤田英典・佐藤学（一九九六）『学び合う共同体』東京大学出版会

酒井朗（一九九七）「〝児童生徒理解〟は心の理解でなければならない」今津孝次郎・樋田大二郎編『教育言説をどう読むか』新曜社
酒井朗（一九九九）「『指導の文化』と教育改革のゆくえ」油布佐和子編『教師の現在・教職の未来』教育出版
佐藤学（一九九七）『教師というアポリア』世織書房
志水宏吉編著（一九九九）『のぞいてみよう！今の小学校』有信堂
築地久子（一九九一）『生きる力をつける授業』黎明書房
久田敏彦編（一九九九）『共同でつくる総合学習の［理論］』フォーラム・A
藤岡信勝編著（一九八八）『実践・個を育てる力　静岡市立安東小・築地学級の授業』明治図書
藤岡信勝編著（一九九〇）『個を育てる築地学級の秘密』学事出版
藤田英典（一九九一）『子ども・学校・社会』東京大学出版会
藤田英典（一九九七）『教育改革』岩波新書
藤田英典（二〇〇〇）『21世紀の教育をどうするか』（仮書名）世織書房
藤田英典・田中孝彦・寺崎弘昭（一九九七）『教育学入門』岩波書店
ロバート・N・ベラー他（一九八五）島薗進・中村圭志訳（一九九一）『心の習慣―アメリカ個人主義のゆくえ―』みすず書房

第2章　学習観の変化と実践
——電子メディアと情報ネットワークがもたらす変革

阿部耕也

1　はじめに

コンピュータをはじめとした情報機器を導入するにとどまらず、インターネットなどネットワークを前提にした情報環境が学校にも押し寄せつつある現在、子どもに対する教育・子ども自身の学びのあり方はどのようなものになるのだろうか。

学校へのインターネットの導入の動きは急である。通産省と文部省とが「百校プロジェクト」を発足させ、全国の小・中・高校・特殊教育諸学校約百校をインターネットに接続させ試験運用を始めたのは一九九四年度のことだった。同じく一九九四年にスタートした「メディアキッズ」もインターネットによる学校間交流プロジェクトとして、子どもたちの自主的な活動の場をネット上につくるのをサポートする試みとして進行中である。また、官民一体となって一九九六年度から進められた「こねっと・プラン」は、約一〇〇〇校の「こねっと・プラン」参加校をはじめ、すべての子どもたちや先生を対象にして、インターネットを中心としたマルチメディアの環境づくりと活用を支援している。

海外の機関との交流に重点をおいたプロジェクトも進められている。一九九七年から文部省海外子女教育課が中心となって進めている「在外教育施設(日本人学校)のインターネット教育利用支援活動」では、海外から多くの参加校があり、さまざまなプロジェクト、メーリングリストなどによる情報交換が進められている。一九九八年度にスタートしたグローバル・スクール・プロジェクトは、子どもたちの「学び」の場を、世界の他の国や地域にまで広げようとするプロジェクトで、六カ国から約二〇〇名が運営に参加している。

こうしたプロジェクトは他にも数多くあるが、最近はこうした動きとは独立に、各学校がインターネット導入を進め、学校ホームページを開設したりしている。しかし、欧米などでは電子メールがまず普及し、公衆電話回線のネットワーク環境における文字情報による交流の経験を積み重ねてからインターネットが導入されたのに対し、日本では官民の主導で両者が同時に学校に入った。この学校への早急なインターネットの導入が学校教育にもたらす問題はいろいろと指摘されている。(1)

ただ、いずれにせよ、情報化が進み、ネットワーク化された学習環境において、他の学校・地域社会・専門機関・海外の教育機関などと双方向のコミュニケーションが可能になるということは、子どもの学習のあり方や教師の教育観・学習観を大きく変えるきっかけになるだろう。本章では、情報化されネットワーク化された学習環境を念頭において進められているさまざまな教育実践・研究事例を紹介しながら、そうした実践や研究の核となり、同時にその成果でもあるような学習観の変化を追うことにしたい。

2　電子メディアを用いたネットワークづくり――不思議缶ネットワークの実践

筆者の所属する静岡大学生涯学習教育研究センターでは、一九九八年度から三年間の予定で「学習ネットワークと生涯学習」と題した公開シンポジウムを継続中である。生涯学習における学習ネットワーク構築のための知見・示唆を得るため、さまざまな領域で展開されている学習ネットワークの研究や実践を報告してもらうという趣旨で、SCS(Space Collaboration System)という衛星を利用した遠隔地間共同研究システムを用いて開催するシンポジウムである。ここでは、第一回と第二回のシンポジウムでの報告から、とくに、教師や子どもの学習観の変更を促すような内容をもつ学習ネットワークに関する研究実践事例を紹介しながら、本章の課題に取りかかることにしたい。

第一回シンポジウムの報告者である美馬のゆりは、自らも運営にかかわった湧源サイエンスネットワーク(YSN)の実践例を報告した。(2) この実践は、東京都の神応小学校の苅宿俊文クラスでおこなわれていた「不思議缶プロジェクト」を母体に、電子メディアを用いて子どもたちと科学者をつなげたネットワークづくりの事例である。

不思議缶プロジェクト

子どもの自発的な学びと、その共同作業の過程を大切にする苅宿クラスのさまざまな実践の一つである不思議缶プロジェクトは、日常生活のなかで生まれてきた疑問をカードに書き留め、模造紙でできたドラム缶に貼ることから始まる。ある程度たまると、それらは「不思議缶リサイクル委員会」によって回収され、重要だとみなされたものはあらためて掲示され、子どもたちが回答者として答えたり、さらに疑問を深めていくという試みである。

ただ、これだけでは質問と応答がクラスの枠を越えて発展していく機会がない。この試みに、クラス・学校の枠を越えて「応援隊」として参加したのが「湧源クラブ」のボランティアである。有志十数人からなる不思議缶応援隊は、電子メールや電子掲示板などのメディアを駆使した専用のネットワークをつくり、苅宿学級の子どもたちとコミュニケーションをはかった。

ネットワークづくりへの関門

自由な発想から質問をぶつける子どもたち、専門的知識と旺盛な意欲をもつ応援隊、優秀なコーディネーターとしての理解ある教師、そして彼らを素早く柔軟に結ぶ電子メディアによる情報ネットワーク――学習ネットワークづくりの先端的な試みとして、成功するのに申し分のない条件がそろっているように見えるこのプロジェクトも、しかし、有意義なものとして発展していくためには、いくつもの関門があった。

まず、疑問や質問が自由な発想から出たものであればあるほど、答えにくい(あるいは答えようがない)ものになりやすく、質問―回答という形に収まらないようなものが多かったこと。加えて、質問者・回答者が互いに面識がなく、匿名的な関係にとどまっていたため、コミュニケーションに広がり・深まりがなかったということもあった。なかなかかみ合わない質疑応答を何回かくり返した後、双方が感じた「すれちがい」を打開しようと試みた策は、電子ネットワークからいったん降りて直接対面することだった。子どもたちはそれぞれの関心ごとのグループに分かれ、その各グループに応援隊が二、三人入って話し合う機会をもったのである。

二層のコミュニケーション

ネットワーク上での質問・応答のあり方は、この直接対面を境に急激に変わっていった。まず、通信回数が大幅に増え、それまでのよそよそしさの残るやりとりが、互いに相手を明瞭に意識した、人格性を帯びた交流に変わっていった。また、やりとりも継続性のあるものになり、共同で一つのテーマを追求するという形になっていった。

不思議缶プロジェクトから湧源サイエンスネットワークへと展開するこの実践は、新しいメディアを用いたネットワークの可能性と、ネットワークづくりのさいの関門を浮き彫りにしている。

子どもたちの自由奔放な疑問から始まる不思議缶プロジェクトという独創的な試みが、広がりをもつためには、「応援隊」という専門家の参加をまたなければならなかった。だが、四六時中両者が対面することは実際的に不可能であり、電子メディアによるネットワークが両者の継続的な交流を可能にしたといえる。しかし逆に、両者間の電子メディアを介したコミュニケーションが一つのテーマを共同で追求するような深みをもつにいたったのは、直接対面によるコミュニケーションに触発された人格的交流が大きな役割をはたした。

電子メディアによるネットワークの特徴を、非対面状況での匿名的なコミュニケーションに求め、その利点を強調することもできようが、こと、子どもと科学者の学習共同体構築のためには、対面的状況をも合わせた二層のレベルでのコミュニケーションが重要であった。

もっとも、対面した者同士のコミュニケーションだけが広がり深まったということではない。実際には対面しなかった子どもたちと応援隊との交流もそれを契機に活発になっていった。ある子どもと応援隊メンバーの個人的な関係だけでなく、第三者が気軽に入ることのできる部屋（コミュニケーション・スペース）もネットワーク上に用意されることによって、テーマを広げ、深めるようなかかわりを生むのに役立った。

子どもと科学者である応援隊を結ぶのに、単なる情報のやりとりを可能にするメディアだけでは十分ではなく、メッセージをやりとりする相手を、生活背景や感情をもった奥行きのある、コミュ

会議室構成 1

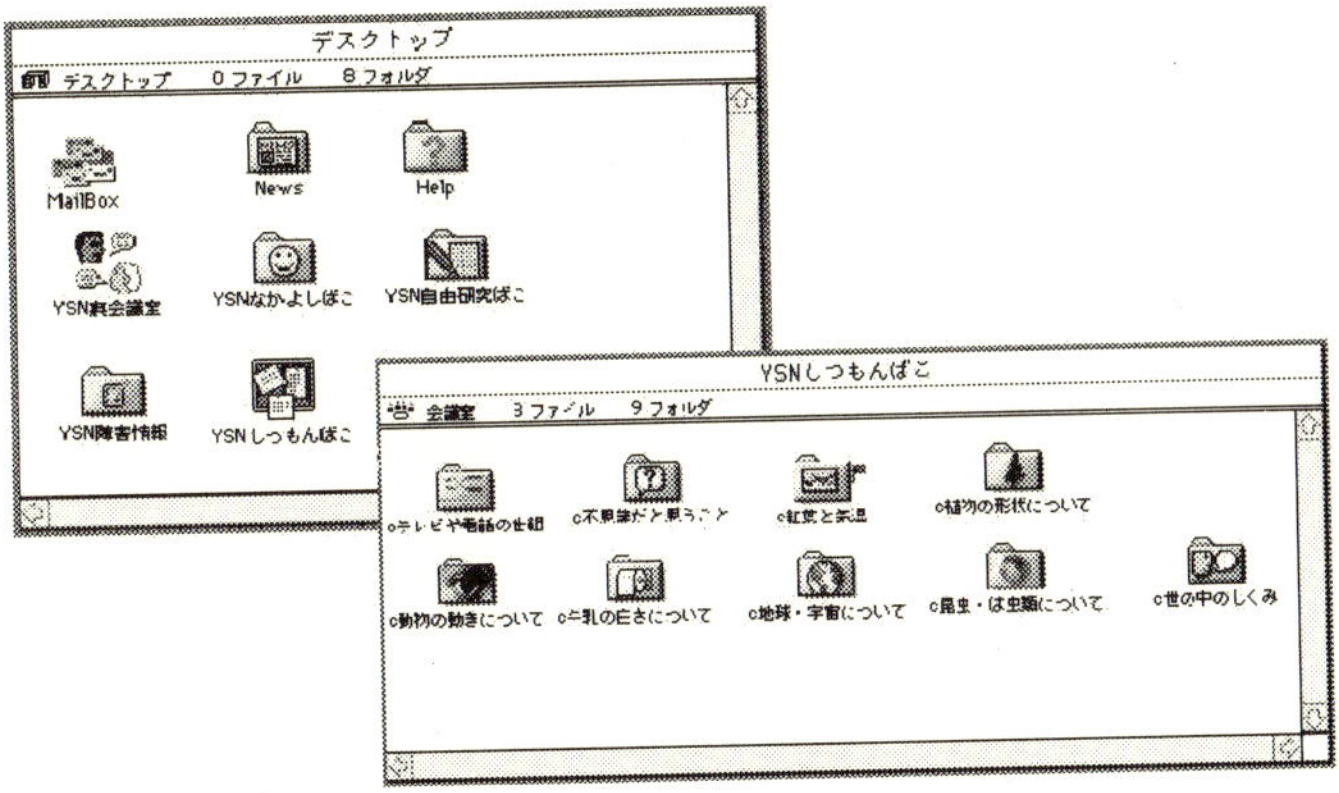

会議室構成 2

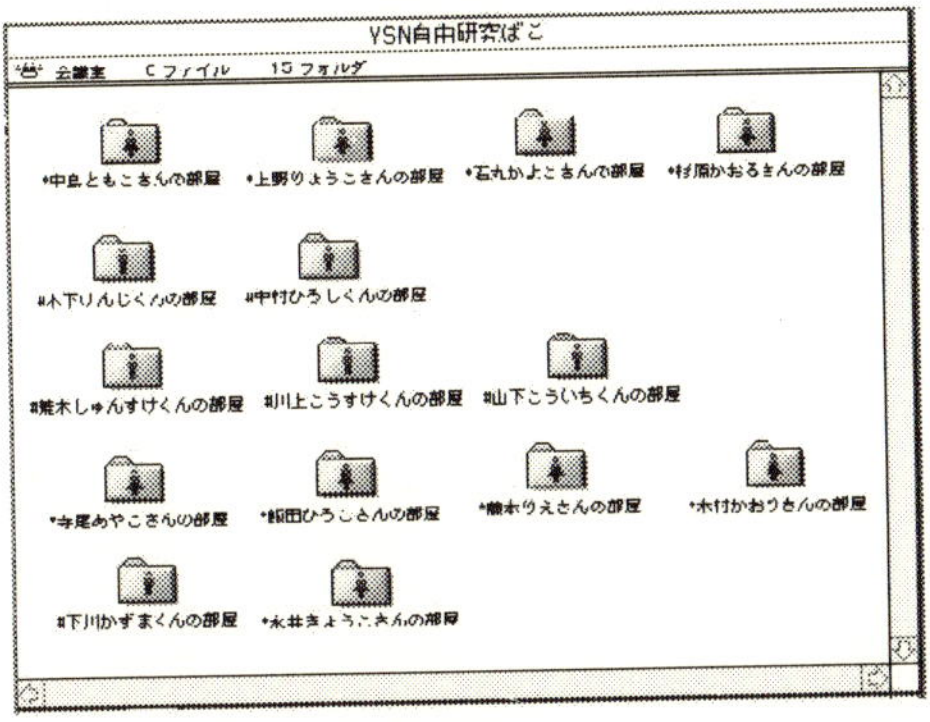

図 1　不思議缶ネットワークのインターフェース

ニケーションをするに足る人間として意識し認めることが重要で、直接対面したことはそのことを気づかせ保障したということなのかもしれない。

たとえ、電子メディアによるネットワークであっても結局は人と人とのコミュニケーションであり、複数の人間が協同する営みこそが共同体をつくるという原則からはずれてはいないということなのだろうか。

不思議議缶プロジェクトから発展した湧源サイエンスネットワークという実践は、新しいメディアがもたらした学習環境を活かし、使いこなすときの留意点・課題をも明らかにしている。ここではいわゆるメディア・リテラシー（あるいは情報リテラシー）が問題になってくる。不思議缶ネットワークの実践で大きくクローズアップされたのは、ネットワーク化された情報環境における他者とのコミュニケーションのやり方である。

荊宿学級では、早くからコンピュータに道具としてふれていたし、ネットワークについてもパソコン通信により他の学校・学級との電子メールによる交流も経験済みだった。子どもたちはまた、ネットワーク化以前に教室でのさまざまな実践を通して課題に自主的に、かつ協同的に取り組むという姿勢を身につけていた(3)。さらに不思議缶プロジェクト用に、専門家が専用のインターフェースを用意していた。にもかかわらず、それだけでネットワーク上でのコミュニケーションがうまくいったわけではなかった。そこではいわば、ネットワーク上での交流術（いわばネットワーク・リテラシー）を身につけることが必要となり、皮肉なことに情報ネットワークからいったん降りることでそれは高められたのである。

3　メディア・リテラシーとネットワークのインターフェース

さて、第二回の公開シンポジウムのシンポジストの村山功は、「協同学習・協同問題解決のためのコンピュータ支援環境」というテーマで報告した。ここでは村山の議論を軸に、このメディア・リテラシーの問題とネットワーク型学習環境のインターフェースについて検討しておこう。

知る権利とリテラシー

本という学習資源がある。誰にでも利用できるように公共図書館をつくってみても、それだけでは本から学習情報は得られない。本に書いてある文字や記号の意味を読みとる能力（リテラシー）がなければ、学習資源はないのと同じである。われわれが本を学習資源とすることができるのは、主に学校教育において時間と労力をかけて文字や記号の読み書きを習得したからである。先進国のなかでは識字率が比較的低いアメリカなどでは、このリテラシーの習得はいまでも重要課題であり、先頃放送三〇周年を迎えた「セサミ・ストリート」も元々、環境不遇児のリテラシーを高めるというプロジェクトの一環として生まれたプログラムである。

社会における主要な知識の入手先・学習資源が、本などの印刷媒体から新しいメディアに変わっていけば、ごく当たり前のこととして、その新しいメディアから情報を読み取る能力――メディア・リテラシーを習得する必要が出てくる。その意味で村山は、知識にアクセスする権利・知る権利とリテラシーとは対になる概念であるという。コンピュータやインターネット上で重要な知識・情報が流通するようになった場合、知る権利が保障されるためにはそれに対応した情報リテラシーの習得をサポートする体制が必須となる。

情報教育の舞台

そうした新しいリテラシーはどういった場所で、どのような方法で学ばれるべきなのか。インターネットなど情報の発信／受信の場所や、両者の物理的距離が問題にならないような新しいメディアが発達すると、誰でもどこからでも学習ができるため、学習・教育の場としての学校の意義がなくなるとみる向きもあるが、村山によれば、個別の学習はどうあれ学びのベースとなるメディア・リテラシーについては学校でこそ教えるべきだという。

前述したように、知る権利とリテラシーとが対であり、リテラシーの習得をサポートすることによって知る権利を保障する役割を学校は担っているからである。また確かに、コンピュータなどの情報メディアへの技術的習熟だけでなく、ネットワーク化された学習環境でのふるまい方――情報の批判的受容能力、情報倫理をともなった発信能力、匿名的な関係での交流術――を身につけ磨くためには、早い段階から、ガイド役となる教師と仲間たちがいる環境である学校でこそ、そのための教育がおこなわれることが望ましい。現在のカリキュラムで掲げられている知識は、あるいは自力でネットワーク環境で、より効率的に学ぶことができるかもしれない。しかし、そのためには自己学習能力を磨かなければならず、そのベースの一つとしてメディア・リテラシーがあるはずだからである。

情報へのインターフェース

メディアに対応したリテラシーがなければ学習資源は存在していないと同じだという議論は、情報とインターフェースについてもあてはまるかもしれない。知りたいことがどこかにあることがわかっていても、それを見つけだすための手だてがなければ存在しないのと同様だからである。WWW(ワールド・ワイド・ウェブ)のように多すぎるほどの情報が雑然と放り出されていて、何のガイド情報もないという環境においては、検索という作業が必要になってくるし、実際あらかじめ分類がなされたメニューを用意した検索サイト(ポータルサイト)が大流行である。しかしこれには少なからぬ問題がある。そうしたサイトは、探索者が試行錯誤をしながら自力で何かを探そうとする以前に、第三者の用意したできあいのメニューによって誘導されてしまうのである。

WWW上であれば、誰もがやっているように試行錯誤をしながら探し当てた有益な情報源、更新が頻繁で最新情報が得やすいサイトをブックマークに登録するだろうし、人によってはリンク集をつくり、それを公開して探索の成果を多くの人と共有しようとするかもしれない。要するに、インターネット端末のいわゆるインターフェースとはまた別に、自分にとって有益な情報にアクセスしやすいように自分なりのインターフェースを工夫しているのである。

情報の検索のためのインターフェースについて考えてみよう。ポータルサイトのメニューで振り分けられるのではなく、かといって検索エンジンにやみくもにキイワードを入れて試行錯誤をくり返すのでもなく、もっと知的な環境があると村山はいう。他者と情報交換をしながら、人間というガイドに導かれながら情報を探すのである。たとえば、ネットニュースの世界ではテーマ別に分かれた情報交換の場が無数に提供され、質問や情報提供、意見交換などに適したスペースが用意されている。十分な数のユーザーが参加していれば、かなり専門的な問題や逆にあいまいな質問に対してもすさまじい早さで的確な回答が返ってくる(もし誤った回答が寄せられれば迅速に複数のルートから訂正情報がもたらされる)。こうした環境はネット上にはあっても一種のサークルであるから、ものの尋ね方、回答をもらったときのお礼の言い方、一連の流れをまとめる仕方など、礼儀や作法があるが、非常に知的でかつ能率的な情報検索のインターフェースになっている。

人とつながるインターフェース

インターネットと呼ばれるネットワークの可能性は、たくさんの情報がたとえばホームページという形でネット上に載っており世界中から瞬時にアクセスできるということよりむしろ、情報ネットワークを介して世界中の個々の端末の向こうにいる人間が交流できることに由来するのではなかろうか。考えてみれば普通の生活においても、人が何かを知ったり学んだりするとき、そこにはたくさんの他者がかかわっているはずである。そうしたありふれた状況がたまたま、数え切れないほどの参加者が瞬時に情報発信し合うことのできるネット上で展開しているのである。何かを調べようとすればたちどころに実感できるように、自然言語を解し、前後の文脈を考慮に入れ、膨大な経験を背後にもちながら交流をおこない、時に叱咤激励したり、冗談を言ってリラックスさせたりという優れたインターフェースをもつ人間がネットのそれぞれの端末の向こうにいて、それら数え切れない人間たちがデジタル・ネットワークで結ばれているのがインターネットなのである。

それゆえ、インターネットという環境・資源を活用するためには、情報を得たり検索をしたりするためのインターフェースのみならず、ネットワークの向こうにいる人と出会い、仲間となっていくためのインターフェースが必要だと村山はいう。教科書の知識が先人の探求の結果だけを記しがちであるのに対し、たとえば先にみた不思議缶ネットワークでの交流は、知識がつくられた過程・背景などを知ることができる。こうした発見をさまざまな事物についてするためには、インターネットなどのグローバルなネットワークと先にあげたような人と出会い、交流するためのインターフェースが欠かせないものになってくるのである。

物理的制約をとりはらい、広範囲に人と人とがつながって、共同で学びの過程をつみあげていくためにはどうしたらよいのだろうか。第一回シンポジウムのシンポジストである大島純は「「学習者中心の教育」と学習環境デザイン」と題し、主にネットワーク化された学習環境における学習共同体構築の事例として「Computer-Supported Intentional Learning Environment (CSILE)」プロジェクトについて論じた(4)。

4　CSILEプロジェクト

学校へのインターネットの導入という動きのなかで、学校ホームページの開設、電子メールによる学校間の交流の試みなどの意義を吟味しながら、大島はインターネットというメディアでなければできないような教育実践がなされているか、従来の教育観を大きく変容させうるインターネットの可能性を正しく開いているかと問う。

コンピュータ・ネットワークを用いた学習共同体構築の試みは類例があるが、CSILEプロジェクトはそのなかでもいくつかの顕著な特徴がある。

教育現場である教室に密着していること

教室は、子どもにとって個人個人が学習をそれぞれ進めるときの単なる場面ではなく、それぞれ

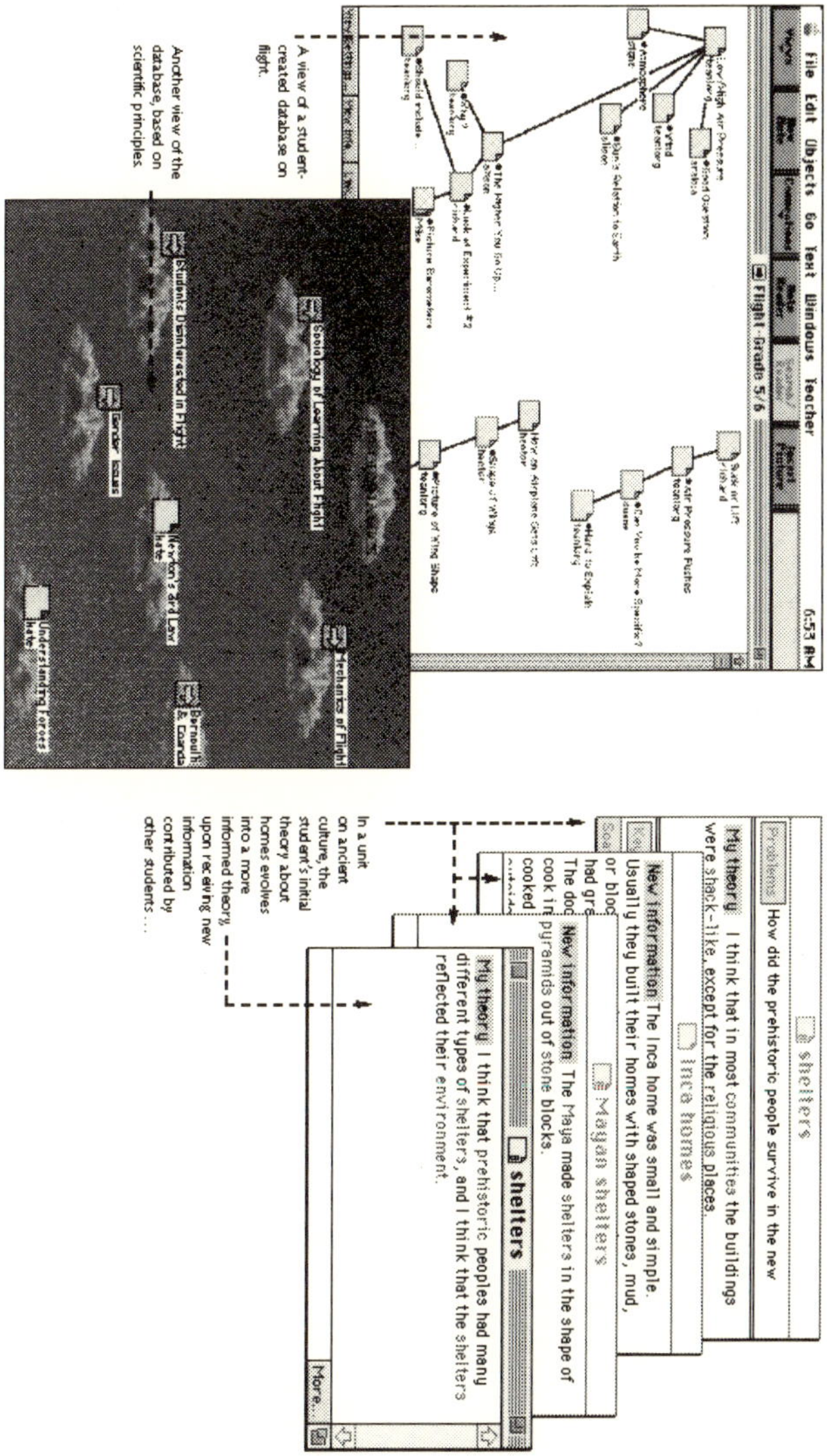

図2　CSILE データベースのインターフェース

の知識と学習を通して参加すべき共同体である。教室という共同体は、それに参加する学習者の課題や知識、思考を集め、補完し合い、高め合う場であり、教室文化とは一面でその成果を蓄積した一種の「データベース」でもある。CSILEは、その学習共同体、知識構築のコミュニティをつくる手助けをする。

CSILEデータベースは、教科書とは違って最初は空である。子どもたちは文字とちょっとしたグラフィックスにより自分たちのアイディアを次々に書き込んでいき、その総体が他の参加者にとって学習・知識構築のためのデータベースとなっていくのである。

データベースに媒介された共同体の知識構築

教室でおこなわれるコミュニケーションは基本的に同時進行であり、同期的コミュニケーションである。場を共有し、一斉に課題を与えられ、一斉に問題解決をし、また一斉に課題にもとづく学習を終了する。

それに対して、CSILEの構築するデータベースは基本的には常時公開されており、他者が次々に書き込んでいったノートなどを閲覧し、コメントを加えることができる。もとのノートの書き手も次にログインしたとき、自分のノートについて付されたコメントを読んでさらにノートを書き加えたりすることもできる(書き込み・修正についてはそれぞれ与えられる権限が異なる)。こうした、参加者それぞれのペースで参加するような非同期的コミュニケーションが、知識構築のもう一つのチャンネルとして存在することになる。学習者は一定の時間枠で一斉に同一の課題に向かうという経験と同時に、じっくりと自分の選んだテーマを考え、自分の考えを書き込み、時間を超えて刺激し合いながら深めていくという経験もする。

データベースのプログラムはすでに存在し、継続的に利用され、いくつかの目に見える成果も出てきている。こうした教育のあり方を日本の学校に導入するのは、もはやそれほど難しくなくなってきている。それよりむしろ、学習とは子どもたち自身によって共同的に達成されていくものであり、それを支援するのが教育という営みであるととらえ、その認識を具体的に展開していくことに対する心理的抵抗の方が大きいかもしれない。考えてみれば、教室でこのような実践をしていくということは、たとえばカリキュラムの消化をどうするのか、それより何よりこうした実践のなかで個々の子どもの能力や学習成果をどう評価するのかという問題が、教育現場への導入のさいに立ちはだかるのではなかろうか。

すなわち、そうした新しい学習観を教育にかかわる者が認めることができるか、認めたうえでそれを教育実践に結びつけていくことができるか、さらに、教育評価のやり方をもそうした学習観に適合させていくことができるか(もちろんこのことは教育制度の改革につながる)——こうした心理面・制度面でのハードルが大きいのかもしれない。

5　ネットワーク化された学習環境と学習観の変容

さて、これまで紹介してきた教育実践および研究の背景にある教育観・学習観はどのようなものだろうか。たとえばCSILEプロジェクトなどに影響を及ぼしてきたものは、佐伯胖が指摘するように、「分かちもたれた知能」と「学習者中心主義」という考え方であろう。(5)

コンピュータの入力装置であるマウスの考案者としても有名なダグラス・エンゲルバートは、「共同体としての知能指数の増幅」という課題を追求している。すでに一九五〇年代から、コンピュータを個人の能力の増幅装置としてだけではなく、共同体構築ならびにその全体的能力の拡大のメディアとして考えてきたのである。

コンピュータをネットワーク化の道具としてとらえ、学習・教育・研究の共同体構築を夢見たのはエンゲルバートをはじめ数多いが、教育実践との密接なかかわりのなかでそれを構想し、教育観・学習観の変革をめざしている研究者の一人が、ロイ・D・ピーである。(6)

分かちもたれた知能の実践

ピーによれば、学習について広く行き渡っている認識は、知能とは個人の属性（とくにその頭脳の特性）だという考え方であるという。そしてこの認識は、学校・家庭・社会でくり返し再生産されている。この認識にもとづいた教育活動は、実際に知能が活かされ展開され、また再構成される世界から、知能を脱・文脈化し、孤立化させてしまう危険性がある。

それに対して、ピーらが提唱するのは「分かちもたれた知能(distributed intelligence)」という認識である。すなわち、「活動の中に分かちもたれ、表出された知能」というとらえ方であり、存在の状態ではなく、活動のなかで知能を考えることが重要になってくる。別の言い方をすれば、知能とは所有されるものではなく、達成されるものであるということになる。

ピーは主張する。――ものごとが認識され、活動を導き、知識が構築されていく実践をながめれば、「頭脳」なるものが単独で作用することなどほとんどなく、複数の頭脳、それを宿す人間、自然ならびに人工の物理的・記号的環境などあらゆるものに分かちもたれて存在しているのである。

また知識がどのように構成されるかを考えてみれば、多くは複数の人間が協力し合い、あるいは対抗し合いながら織り上げられていくものである。その営みのなかで、さまざまな事物、環境がまた別様の意味を与えられ、道具や記号、コンピュータなどある目的のために人工的につくられたものたちも、その営みのなかで織り上げられた知識を映し、知能の依り代として存在し、また使用されていく。

「知能が分かちもたれている」というときピーは、知的な活動を可能にする資源が、人間、環境、状況すべてに及ぶその配置(configuration)に注目する。この配置のなかで事物ははじめて意味をもち、それとして活用される(アフォーダンス)。学習という営みも、こうした分かちもたれた知能の配備のなかで、「状況に埋め込まれた学習」として展開されるのである。

学習者中心の教育

またこれらの試みは、大島の発表題目が示すように「学習者中心の教育」という姿勢に沿ったプロジェクトであるといえる。

知識を、それが構成され配備されている状況から切り離し、代わりに学問体系のなかに位置づけ陳列させた形で学ぶのではなく、現実の状況に戻し、学習者自身による問いとその問いを共有する仲間とともに探求するという自然なあり方で学ばせることがめざされる。コンピュータ・ネットワークやデータベースといった手段は、学習者がそうした自分自身の問いを中心において、他者との交流のなかで知識が協同的に構成される(知能が協同的に達成される)過程に立ち会うための、より効果的な道具立てとして選ばれているのである。

学習観の変化と教育実践のデザイン

こうした認識を基礎に、教育実践のためのデザインを考えてみよう。

学校教育は従来、知能が分かちもたれて存在しているその状況から、子どもの学びを切り離し、孤立化させたうえで知識を習得させ、知的能力を育成しようとしているようにみえる。これまで蓄積された知能のあり方を映した道具を最低限しか使わず、他者の助力を借りずに、物事を考え、問題を解くよう求めている。これはもちろんそれなりの背景があるにしても、現実世界でおこなわれ展開されてきている学習のあり方、知能の展開の仕方からは極端に隔たった状況であることは確かである。

ピーが提唱するのは、CSILEプロジェクトがそうであるように、学習者は他者とともに問いに向かい、刺激し合い、助け合いながら知識を構築するという行き方である。そのさい、周囲に存在する情報や道具を見つけだし、最大限それらを活用し、それぞれの思考をできるだけそのプロセスごと提示し合い、目に見える形でデータベース化する。そして学習者の共同体全体としての「知」を高めていくという行き方なのである。

こうした学習・教育の営みが、教室という場で展開されたら、あるいは奇異、異質に映るかもしれない。しかし、コンピュータ・ネットワークや共同データベースといった新奇に見える道具立てをいったんはずして、その骨組みを眺めれば、これが人間が社会においておこなう学びを教室において具現化したものであることがわかるだろう。もちろん先にみた不思議缶ネットワークの実践も、同じ骨格をもっている。

要するにこれらは、協同的に構成された知識を、分かちもたれた知能という形態で、できるだけその本来のあり方に沿った形で学ぶことを支援する教育実践なのである。

6 おわりに

学校教育以外の場面に目を移してみても、新しいメディアを活用した学習ネットワークは動き始めている。東京シューレやピラマイヤがWWW上に開設しているサイトや、種々の子育てネットワークは、不登校やいじめなど、学校に根ざした問題をテーマにした電子掲示板を開設し、多くの参加者を集め、活発な書き込み・コミュニケーションが展開されている。それぞれが基本的には匿名で問題提起をし、質問をし意見を述べていくネットワーク上でのこの「フォーラム」は、それほど組織化されたものではないが、かえって融通無碍な学習共同体になっている。生涯学習の分野では、「相互教育性」という言葉がキイワードのひとつとなっているが、地理的・経済的制約を越えて多数の学習者が共同し、相互教育性を発揮するのにインターネットなどのメディアは適しているのである。また、先に取り上げたネットワークづくりの実践例は、生涯学習のためにも貴重な知見を提供してくれる。

「総合的な学習の時間」が本格的に展開すれば、従来からいわれてきた「学校を開く」という課題が再びクローズアップされてくるはずである。地域社会に、海外に「学校を開く」試みをしようとする場合、これまで取り上げた電子メディアを用いたネットワークづくりの実践例とその背後にある新しい学習観は、いっそう示唆に富んだものになるのではなかろうか。

結局のところ、学校に電子メディアや情報ネットワークを導入することの意義は、従来のカリキュラムに新しい項目を並列的に追加することではなく、また同一の学習内容を、別の新しい教育方法で学ばせるということでもないのかもしれない。むしろ、ネットワーク導入の意義は、従来のカリキュラムの核となっている学習観を突きくずし変容させるきっかけとなり、新しい学習観にのっとった教育実践を支援することなのではないか。少なくとも、そうした可能性をもつ道具・手段として、たとえばインターネットをみるという姿勢が重要になってくるだろう。

注

(1) 佐伯胖『新・コンピュータと教育』岩波書店、一九九七年。
(2) 演題は「ネットワークと子どもの学び——湧源サイエンスネットワークの実践から——」。詳細については、美馬のゆり『不思議罐ネットワークの子どもたち』ジャストシステム、一九九七年参照。
(3) 苅宿俊文『子ども・コンピュータ・未来』ジャストシステム、一九九七年。
(4) 大島純「コンピュータ・ネットワークの学習環境としての可能性」佐伯胖・黒崎勲・佐藤学編『情報とメディア』岩波書店、一九九八年。
(5) 佐伯　前掲書。
(6) ロイ・D・ピー「分かちもたれた知能の実践」佐伯・黒崎・佐藤　前掲書。

第3章　教師のストラテジーと実践
――「理想の教育の実現」と「教室のコントロール」の狭間で

清水睦美

1　教師のストラテジー

「ストラテジー」の概念

教室での教師と生徒の相互作用を、教師と生徒がそれぞれの状況定義にもとづいて目的や関心を達成しようとしながらも、合意を求めて交渉する過程としてとらえる見方が、教育社会学の分野にはある。このような観点から教師の行為をとらえる概念のひとつに、ウッズによって用いられた「ストラテジー（strategies）」がある。ウッズは、「ストラテジー」を基本的には目的を達成するための方法であるとするが、この目的は多様で状況に応じて次々に変化していくもので、それらの目的とリスクを調停するという課題によって「ストラテジー」が生み出されると説明している。

これらのストラテジーの一タイプとしてとくに注目されてきたのは、教師が明確に目的として意識してはいないが、暗黙の前提とはなっている〝教師が教室において教師として生き続けていく〟という「サバイバル(survival)」を目的とした「サバイバル・ストラテジー」である。また、デンスクーム[2]のように「教室のコントロール」という目的に注目し、その目的のためのストラテジーを「支配のストラテジー」「取り込みのストラテジー」「学習マネジメントのストラテジー」と分類するような試みもある。

「ペダゴジカル・ストラテジー」への注目

こうした研究が注目する「教室のコントロール」「サバイバル」という教師の目的について考えてみたい。「教室のコントロール」という目的には、教室のコントロールが保てなくなれば、教師としての生き残りが危ういという「サバイバル」の側面がある。したがって、「教室のコントロール」を目的とするストラテジーは、「サバイバル」という目的も内包していることになる。また、「教室のコントロール」という目的のために用いられる「支配のストラテジー」「取り込みのストラテジー」は、デンスクームの分析によれば、その選択は、教師の教授法(伝統的か進歩的か)の選択に依存している。したがって、「教室のコントロール」を目的とするストラテジーは、「理想の教育の実現」という目的に依存していることになる。すなわち、教室での教師の行為の目的は、「サバイバル」を核としながらも、同心円上に「教室のコントロール」「理想の教育の実現」という目的が階層化されていて、教師の行為はそうした目的が同時に達成されることがねらわれているのである。それらのいずれの目的を教師が自覚するかは、教師のおかれた状況――教室での教師―生徒関係だけでなく、教師の行為を観察する第三者の存在との関係――に依存している。また、「理想の教育の実現」という目的達成の行為が異なれば、「教室のコントロール」「サバイバル」という目的達成の行為も必然的に異なることになる。

さて、ここでは、さまざまな目的を達成するために生み出された教師の行為を、「理想の教育の実現」というペダゴジカルな目的に焦点をあてて分析してみたい。こうした目的のために用いられるストラテジーを、筆者は「ペダゴジカル・ストラテジー」と呼ぶことにする。以下の分析では、ある教師の「ペダゴジカル・ストラテジー」の諸相を明らかにしていくが、それらは一方で「サバイバル」を内包した「教室のコントロール」という目的を同時に達成していることを読者は理解することになるだろう。

2　ある小学校教師の事例から

調査対象

筆者はこの研究のために一九九六(平成八)年五月からの約二カ月間、宮尾隆先生(仮名)のもとでエスノグラフィックな調査を試みた。宮尾先生は教職一五年目の男性教師で、その年に学級編制替えがおこなわれた六学年の三組（男子二〇人、女子一六人）の担任である。宮尾先生が勤務する北小学校（仮名）は、二〇年ほど前から学校全体で「総合学習」に取り組んでいて、学級ごと特定の主題の下に教科学習が組織されている。ただし、高学年では「総合学習」を基盤としながらも、「取り出し」と呼ばれる方法によって、「総合学習」と無理な結びつけをせずに「教科学習」をおこなってもいる。また、学習に対する子どもたちの意識の継続が重要視されているため、授業時間を区切るチャイムは鳴らされていない。したがって、子どもたちの意識が継続しているひとまとまりの学習は「活動」と呼ぶにふさわしい。

「理想の教育の実現」に対する意識

学級を担任する学校の教師の多くは、程度の差はあれ、理想とする教育観や子ども観、教育目標といった方向に子どもたちを導いていこうとする意識をもっている。本調査の考察の対象である宮尾先生にも理想とする教育観や子ども観、教育目標といった意識が存在する。しかし、これらの意識は多面的であると同時に抽象的でもあるので、筆者は、宮尾先生自身に教室での自らの行為を意味づけしてもらうというインタビューを通して、宮尾先生が六年三組を担任する際に意識している教育観や子ども観、教育目標といった意識を描き出すことにした。

宮尾先生の意識にある〈理想の学級イメージ〉には、〈子ども一人ひとりが自主的問題解決の力をもつこと〉と〈子どもたちが互いにかかわりあうこと〉という二本の柱があり、その二本の柱が揃うことで、予定調和的に学級が自主的問題解決の力をもつとイメージされている。さらに、学級編制替え間もない本調査をおこなった時期には、とくに〈子どもたちが互いにかかわりあうこと〉に注意を払っていて、「言う」「聞く」「訊く」「関係づける」という行動を子どもたちに身につけさせようとしていた。このようなイメージをもっている宮尾先生は、〈理想の学級イメージ〉との対比で、教室で起こる事柄の多くを評価・判断しているが、こうした評価や判断には見過ごされてしまう事柄もあると意識していて、それらをとらえるための活動（日記を書く、朝の会で「発見したこと」を発表する）を通して、〈子どもの現実をありのままにとらえる〉ことを試みていた。しかし、一方で、こうした活動においても、子どもたちの感じていること考えていることを教師がとらえることは非常に困難であると意識してもいた。このように、宮尾先生は、学級を担任するにあたり〈子どもの現実をありのままにとらえる〉ことに重点をおきながら、教師のとらえた現実を〈理想の学級イメージ〉に近づけていくという目的をもっている。

3　「ペダゴジカル・ストラテジー」としての「振る舞い方」

「ペダゴジカル・ストラテジー」とは、「理想の教育の実現」という目的を達成するために教師が生み出すものである。「ペダゴジカル・ストラテジー」にはさまざまなものがある。たとえば、学習形態はその一つで、一斉授業・グループ学習・個別学習といった学習形態のいずれを選択するかは、この目的を反映している。また、教科書使用の頻度や学習場所の選択もこの目的と密接に関係する。このようにさまざまな「ペダゴジカル・ストラテジー」があるなかで、ここで注目するのは、次のような観点である。

教室という場は、教師と子どもたちの対面的相互行為の場である。このような場では、教師の行為に対する子どもたちの印象が、子どもたちの行為をも規定している。教師は、教室という場にはこのような相互作用があることを了解しているので、自らの行為に反応する子どもたちの行為が理想に近づくように自らの行為を規定している。言い換えれば、教師は子どもたちの行為が理想に近づくように自己表出――ゴッフマン[3]のいう「演技を通した自己呈示」――をするのであり、すなわち、振る舞うことになるのである。このような教室のなかでの振る舞いは、ひとつに限定されているわけではない。以下で詳しく分析していくことになるが、本調査の対象となった宮尾先生には、五つの「振る舞い方」―《同質な者》《任せる者》《躾ける者》《調整者》《伝達者》―が確認された。

また、教室という場は、一人の教師と多人数の子どもたちによって構成されていて、教師が誰をオーディエンスととらえて振る舞うかという観点も重要である。中田基昭[4]によれば、こうした場には、「一対一の対話」「一対多の対話」という二重の対話が成立する可能性があるという。そこでここでの分析では、教師が学級全体に対して働きかけをし、子どもたちは集団の一員としてその働きかけに対応している「一対多のディメンジョン」に注目して分析することにする。

以下では、教室という場の「一対多のディメンジョン」に注目しながら、教師が「理想の教育の実現」――宮尾先生の場合、〈子どもの現実をありのままにとらえる〉と〈理想の学級イメージ〉の実現――のために生み出す「ペダゴジカル・ストラテジー」としての五つの「振る舞い方」を描くことにする。

4 「振る舞い方」の諸相

〈子どもの現実をありのままにとらえる〉ことを目的とする「振る舞い方」

〝〈子どもの現実をありのままにとらえる〉ことは重要であるが、重要であると意識しながらも、教師がそれをとらえることは非常に難しい〟という認識が、教室での宮尾先生の行為をどのように規定しているかを、まずはみていくことにする。

教師と子どもは、本来、肉体的、精神的には「大人」と「子ども」であり、制度的には「教師」と「生徒」であるから、宮尾先生がその困難さを意識しているように、教師は子どもたちの本音を簡単に聞き出せる関係にはない。そこで、宮尾先生は、「大人」と「子ども」、「教師」と「生徒」という違いを乗り越えて、教師と子どもは同じ価値の世界に住む者であるという印象を子どもたちに与えるような《同質な者》という振る舞いを試みることになる。この《同質な者》という振る舞いは、学級対抗の競技の場で、宮尾先生自身が学級の構成員として楽しみ応援する形であらわれる。また、宮尾先生以外の教師に対しておこなわれる挨拶の場でもこの振る舞いがおこなわれる。学級では、朝と帰りの挨拶、給食の前後の挨拶が日常化しているだけで、宮尾先生に対する挨拶はなされない。ところが、ティーム・ティーチングの導入によって中林先生が教室を訪問する活動の終わりには、係の号令で中林先生への挨拶がおこなわれる。このような場では、宮尾先生は、《同質な者》として振る舞って、子どもたちと一緒に「ありがとうございました」と挨拶をしている。宮尾先生は、このような振る舞いによって、自分と他の教師の存在の違いを子どもたちにアピールし、「われわれ意識」をもつことで子どもたちの価値の世界に近づこうとしている。

一方で、子どもたちが宮尾先生に《同質な者》という振る舞いを求めるという場もある。六月一一日の朝、宮尾先生はいつもの行動パターンとは異なり、朝の活動としてドッチボールをしている子どもたちのところに向かった。

筆者　今日はドッチボールを見に行かれるんですか。

宮尾先生　たまには行かないとうるさいですから。でも、行くと長引くから(宮尾先生が行くと時間を延長することになるという意味)ホントは行きたくないんですけどね。

このように語る宮尾先生ではあったが、体育館では楽しんでドッチボールをやっていた。このように、宮尾先生が子どもたちに誘われて何かをやる場合、子どもたちの誘いに乗りたくないという意識もある。しかし、宮尾先生は、その意識を押し殺して《同質な者》として振る舞うのである。

〈理想の学級イメージ〉の実現を目的とする「振る舞い方」

では、〈理想の学級イメージ〉の実現のため、宮尾先生はどのように振る舞うのであろうか。宮尾先生は、この目的のために次の二つの「振る舞い方」を試みている。

①《任せる者》という振る舞い　宮尾先生は「先生は活動を自分たちに任せているんだ」という印象を子どもたちに与えるような振る舞いを試みる、これが《任せる者》である。たとえば、班替えの活動では、班の構成員が決まった段階から後は、子どもたちに任せようとする。

宮尾先生　二時間目、先生いませんので、席をうまく決めること。自習だから騒がしくしないこと。もう一回言うよ。一つ、席をうまく決めること。二つ、班長、学習、給食、保健、掃除を決めること。その後、係会を開いて、係長を決めておいて下さい。

このような行為に関して、宮尾先生は次のように語る。

筆者　席替えなどを任せてしまって心配はないんですか。
宮尾先生　少しは心配だけどね。でも、とりあえずやらせて、だめならそこで言えばいいし……とりあえずやらせてみることだね。

この表現には、《任せる者》という振る舞いを通して、まずは任せて活動させ、それをくり返すなかで、自主的に問題解決をしていく力が徐々につき、〈理想の学級イメージ〉が実現できるという宮尾先生の意識がうかがえる。

このような振る舞いは「取り出し」としておこなわれる「教科学習」の場にも表れる。宮尾先生は、学習課題が決まると、まず「ひとり学習」という学習形態をとる。この意味を宮尾先生は次のように語る。

自分の考えをもってほしいということ。それは、算数でも同じ。そして、その自分の考えにこだわりをもってほしいと思う。

ここで表現されるように、宮尾先生は、学習においても、まず、子どもたちに《任せる者》として振る舞い、学習を成立させる試みをくり返すのである。

②《任せる者》という振る舞いを支える《同質な者》という振る舞い　宮尾先生は、〈理想の学級イメージ〉の実現のためには《任せる者》という振る舞いを理想としてくり返し試みるが、実際には《任せる者》という振る舞いだけでは活動が成立しにくい場合が多い。このような場合、宮尾先生は〈子どもの現実をありのままにとらえる〉ために振る舞っていた《同質な者》という振る舞いを試みる。たとえば、六月一九日の一年生と「だるまさんがころんだ」をして遊ぶという児童会活動の場でのことである。最初、宮尾先生は《任せる者》として振る舞って子どもたちの様子を見ていた。一方、子どもたちは、この活動を企画した委員会に所属する雅彦君と修君が、一年生や学級の子どもたちにやり方を指示しているが、その指示はなかなか伝わらず、「だるまさんがころんだ」はなかなか始まらなかった。この様子をしばらく見ていた宮尾先生は、ある時点で、その仲間に入って雅彦君と修君が出す指示に宮尾先生自身が率先して従うという《同質な者》な振る舞いを始めたのである。これをきっかけとして子どもたちも宮尾先生と同じように行動しはじめて「だるまさ

んがころんだ」という活動が成立しはじめた。このように《任せる者》として振る舞った場で、もし活動の成立が困難な場合、宮尾先生は《同質な者》として振る舞い、活動成立の援助をするのである。

また、「ひとり学習」の場においては、一人では自分の考えがもてないという子どもも存在する。このような場合、援助の手が差し伸べられることになる。このような援助は、子ども同士でなされることが理想的であると宮尾先生は意識していて、「わからないときは、友達のところに行きなさい」という声を必ずかけている。

宮尾先生　どうしてもわからないということがあったら、友達のところへ聞きにいってください。
俊幸　先生には、聞いちゃいけないの?
宮尾先生　いいよ。
靖史　じゃ、清水先生(筆者のこと)は?
宮尾先生　いいよ。

宮尾先生が《任せる者》として振る舞う場合、原則として活動は子どもたちの手に委ねられる。しかし、活動の成立が困難な場合には、友達、宮尾先生、また、筆者のような観察者によって援助がなされながら活動は成立するのである。この場での援助者は、子どもであろうと、教師であろうと、観察者であろうと誰でもよく、結果として援助者である宮尾先生は、子どもと《同質な者》として振る舞うことになる。

③《躾ける者》という振る舞いとジレンマ

宮尾先生の意識には、《任せる者》という振る舞いと、それを支える《同質な者》という振る舞いは、〈理想の学級イメージ〉の実現にとって教師の理想的な「振る舞い方」であるという意識が存在する一方で、それだけではその実現は難しいという意識も存在する。このような意識によって、宮尾先生は自らの要求を積極的に表面化する《躾ける者》という振る舞いを試みることもある。たとえば、宮尾先生は「言う」「聞く」「訊く」「関係づける」という行動を子どもたちに身につけさせる必要を意識しているが、このなかの「言う」という行動を子どもたちに身につけさせる方法については次のように語る。

やっぱ、出ていくしかないと思う。みんながみんなとは言わないが、もう少ししゃべれるようにしたいよな。

ここでの「出ていくしかない」という表現には、教師の要求を表面化していく行為の必要性が意識されていることがうかがえる。

ところが、筆者のフィールドワーク期間中、宮尾先生の《躾ける者》という振る舞いは、なかなか徹底されないように見受けられた。たとえば、五月二八日の算数の授業において、宮尾先生は「聞こう」と子どもたちに向かって自らの要求を表面化するが、その後、子どもたちが聞いていなくてもそのままにするのである。こうした行為は、その活動中に四回もくり返された。このような《躾ける者》という振る舞いを徹底しないことについて、宮尾先生は次のように語る。

筆者　静かにして聞くように言って、静かにならなくても先生はそれを徹底しないですよね。それはなぜですか。

宮尾先生　それは自分の悪いところかもしれない。徹底しなきゃいけないかもしれない。ただ、出るときの出方についての迷いがある。今はだいぶ落ち場所（徹底してどこまで言うことができるか）もわかってきたので、出るようになってきているけど、これ以上言ってもだめかと思うところはある。聞いてない人にあてるような出方はこれからも増やしていくつもりだけどね。

ここでの「迷いがある」という表現からは、宮尾先生の《躾ける者》という振る舞いに対するジレンマをうかがうことができる。

5　明確には意識されていない「振る舞い方」の諸相

《調整者》《伝達者》という振る舞い

これまで分析してきた三つの「振る舞い方」を、宮尾先生は明確に意識しているが、それらで教室での宮尾先生の行為を分類していくと、この「振る舞い方」とは異なる二つの「振る舞い方」の相が浮かび上がってくる。これらの「振る舞い方」は、宮尾先生によって「理想の教育の実現」を強く意識した行為ではないが、その実現を支える働きをしている。次にこの二つの「振る舞い方」を描きだしてみることにする。

①「活動」の前提となる「合意」に達する過程での《調整者》という振る舞い　教室という場では、算数という活動、清掃という活動、休み時間という活動など、さまざまな活動がくり返されている。これらの活動は、並列的にくり返される場合もあれば、国語という学習の活動のなかに話し合いという活動が組み込まれるというように、二つの活動が包摂的な関係にある場合もある。

このような教室のなかでのくり返される活動の成立は、自然発生的に起こるものではない。なぜなら、学級は志向の違う子どもたちによって構成されていて、活動への参加の仕方は子どもによって異なるからである。したがって、学級で活動が成立するためには、活動の意味や目的、その方法について、子ども一人ひとりが参加を了解することが前提となる。この了解には、その活動をやりたいと思って了解したか、しぶしぶ了解したかというそれぞれの子どもの了解の違いは存在しているにしても、活動成立の前提となる子どもたちの了解は、この違いを含み込んだ大きな了解の必要がある。ここでは活動の前提となる大きな了解を「合意」と呼ぶことにする。

そして、宮尾先生は、教室という場で相互行為をする教師や子どもの要求や関心を調整しながら「合意」に達するという過程では《調整者》という振る舞いをしている。

②「完全なる《調整者》という振る舞い　宮尾先生は〈子どもの現実をありのままにとらえる〉という意識から、《同質な者》として振る舞い活動に参加するなどして、子どもの要求や関心を探っている。そうした過程のなかのある段階で、活動成立の前提となる「合意」に達していこうとする。

（二時間目は、時間割上、六年生の水泳の時間である。宮尾先生は、朝、子どもたちに、「今日は寒くて水泳ができそうもない」と伝えている。九時一五分、二時間目に入り込んで朝の会が終了する。子どもたちからは「水泳をやりたい」「もう一回職員室へ行って、本当にやれないか見てきてほしい」とせがまれる。宮尾先生は、職員室へ水温を確認しに行き戻ってくる。）

宮尾先生　それじゃ、席について。
（子どもたち、席について聞き入る。）
宮尾先生　寒いぞ。紫色になるなんてものじゃない。それから、言うこと聞かない奴は、ばしばし怒るぞ。
（子どもたちから、少しやる気が失せた雰囲気が漂う。）
宮尾先生　じゃ、一五分な。
（子どもたちから、かなりやる気が失せる雰囲気が漂う。）
宮尾先生　やりたくない人。
（ほとんどの子どもが手を挙げる。）
宮尾先生　じゃ、仕方ないな。でも、水泳は、先生、時間がとれるだけとります。
（この後は、本の読み聞かせがおこなわれることになる。）

この場では、宮尾先生は《調整者》として振る舞い、子どもたちの要求や関心に沿って、活動内容に関する「合意」に達している。この場に特徴的なことは、宮尾先生の要求は表面化されずに、子ども同士の関心や要求を調整する役に徹しているという点であり、宮尾先生は、「完全なる《調整者》」として振る舞っている。

③教師の要求する活動内容を組み込む《調整者》という振る舞い　一方で、《調整者》として振る舞いながらも教師の要求する活動内容を組み込む場合もある。

宮尾先生　班替えをすることになっていましたが、やり方は前といっしょでくじ引きでいいですか。
子どもたち　やだ――。
（綾子、佳子、美里から案が出される。）
宮尾先生　じゃ、くじ引きでいいんだな。
（筆者が聞く限り、三人の子どもたちの案は、くじ引きのやり方についての細かい点に違いがあった。しかし、宮尾先生はその部分には触れずに、くじ引きとしてまとめた。）
子どもたち　いい――。
（案を出した子どもも納得した様子である。）
宮尾先生　その班で、キャンプにもいきます。……
（宮尾先生の話の最中に、子ども数人が「先生」と声をかけて、キャンプの内容について質問をし、それに宮尾先生は答える。教室のなかでは、あちらこちらで会話が始まり、かなりにぎやかになる。）
宮尾先生　うるせー。だまれ。先生にしゃべらせろ。
（少し静かになる。）
宮尾先生　くじ引きは先生作っていいですか。

子どもたち　いい――。
（宮尾先生、くじ引きを作りはじめる。子どもたちは近くの子どもと話しはじめる。）
雄也　先生。言いたいことがある。
宮尾先生　なんだ。
雄也　今と同じ班の人となったらトレードするようにしたい。
宮尾先生　無理だな。
雄也　ええ――。
（宮尾先生は、その反応を無視してくじを作っている。他の子どもたちのそれについての反応はない。）

この場での宮尾先生の《調整者》という振る舞いには、宮尾先生の要求する活動内容に沿わない内容を切り捨てるという特徴がある。この場で切り捨てられたのは、綾子さん、佳子さん、美里さんのくじ引きの細かい方法に関する要求である。これらの要求が切り捨てられたのは、一定の時間内で班替えをし、その後は子どもに任せ、その時間を十分に確保したいと意識している宮尾先生にとって、これらの子どもたちが指摘するような細かい点にまで及んで「合意」に達することは、時間的に無理であるという理由によるものと解釈される。さらに、この場では、雄也君のトレードという要求も結果的には退けられている。しかし、前者と後者には違いが存在する。前者は、子どもたちの要求に対して宮尾先生の要求が表面化されることなく切り捨てられたのに対し、後者は「無理だな」という宮尾先生の要求が表面化されるが、それに対して雄也君以外からは不満の声があがらないことによって退けられている点である。このように、宮尾先生は《調整者》として振る舞うことで、宮尾先生の要求に沿わない活動内容を切り捨てたり、退けたりするのである。

④「活動」に対する教師の多様な意識　北小学校に赴任することが決まった教師は、他の小学校ではあまり一般的ではない「総合学習」を中心に、学習を展開しなくてはならない。この「総合学習」に対して、北小学校のなかでも教師によって異なる意識が存在している。

高島先生　北小学校でも、総合学習に対してさまざまな考え方があって、総合学習を研究的にとらえて実践しようとする宮尾さんのような教師もあれば、たまたまここへ決まって、仕方なく総合学習をやって、教科学習に毛が生えた程度で実践をしている人もいるんだよね。

宮尾先生は、他の教師によって、このように評されるように「総合学習」に親和的な意識があることがうかがえる。また、それは次のような会話にも表れる。

筆者　宮尾先生は、来年は転勤されるんですか？
宮尾先生　しないかな――。
高島先生　一年生へ行くんですよね。
宮尾先生　そうだね。やっぱ、北小に来たからには、低学年で総合(学習)をやらなくてはね。
筆者　総合(学習)をやるなら、低学年ですか？
宮尾先生　そうだね。やっぱ、こうやらなきゃいけないと決められていることが少なくて自由にやれるからね。

これらの表現には、「総合学習」が、宮尾先生の〈理想の学級のイメージ〉と非常に親和的であると評価されていることがうかがえる。したがって、このように意識されている「総合学習」は、《同質な者》《任せる者》《躾ける者》《調整者》という振る舞いによって、教室という場での成立が試みられる。一方、「取り出し」という方法でおこなわれる「教科学習」は、積極的には評価されていないことが、宮尾先生の次の発言からうかがえる。

理科の教科書なんか見ていて思うのは、なぜかというところが唐突に出てくるところ。課題が据わるまでには、本当はぐちゃぐちゃした過程が必要なのに、そういうところがすっ飛ばされてしまっている。これは、他の教科についても言えるんじゃないかな。課題が子どもの意識と離れたところに据えられても、追究は深まっていかない。

しかし、「教科学習」を積極的には評価できなくても活動としてそれを成立させざるをえないという学習指導要領をめぐる制約は存在する。また、六年生という学年は、中学校側から「教科学習」で獲得した学力が強く要求されるという制約も存在する。

⑤教師によって積極的に意味づけがなされない活動を成立させる過程での《伝達者》という振る舞い

〈理想の学級イメージ〉との関連で、宮尾先生が一定の距離を感じるような活動を成立させる場では、宮尾先生は《伝達者》として振る舞うことになる。この振る舞いは、宮尾先生が要求する活動内容に宮尾先生自身が意味付与せずに、活動の成立を子どもたちに要求する振る舞いである。六年生ともなると子どもたちは、学校で何がおこなわれるかということについては、ある程度把握している。したがって、宮尾先生が活動の成立を子どもに対して《伝達者》として振る舞って要求すれば、それらの活動は成立していく。しかし、時には、子どもたちから次のような疑問が飛び出すこともある。以下のエピソードは、六月二五日に知能テストがおこなわれた際の冒頭での会話である。

宮尾先生　じゃ、知能テストやります。
俊幸　これ、何のためにやるの?
宮尾先生　検査。
博文　でも、これ、結果教えてくれないから、自分のためにならない。
(宮尾先生は、これには答えずテストを配り始める。博文君は、これ以上聞いても仕方ないという表情で、机の上を片づけはじめる。)

博文君にとっては、このテストは何のために必要なのかわからない活動なのであろう。しかし、宮尾先生の《伝達者》という振る舞いによって、知能テストという活動が成立するのである。知能テストは就学指導のために制度的に規定された活動である。筆者の「知能テストに就学指導以外の意味を感じるか」というインタビューに宮尾先生は次のように答える。

学力とは違う面がもしかしたら見れるかもしれないとは思う。自分で思っている学力に関する傾向と似ているか似ていないかということを見てみたい気もする。でも、もし、就学指導上で必要がないと言われれば、あまりやろうとは思わない。

ここでの表現には、「活動が成立し結果さえ得られればそれでよい」という宮尾先生の意識が表れている。

⑥《伝達者》としての振る舞いの後「活動」が継続される場合　一方で、宮尾先生が《伝達者》として振る舞って活動を成立させた後、《同質な者》《躾ける者》《任せる者》《調整者》として振る舞って、活動を継続的に成立させていく場合もあり、それは、「取り出し」の「教科学習」や児童会の活動などの場で見られる。宮尾先生の〈理想の学級イメージ〉との関連で一定の距離を感じている活動は、知能テストなどのように活動成立だけがめざされる活動と、活動成立の後維持される活動に分けられるのである。なぜ、この違いがうまれるのかは、次の発言から解釈することができる。

国語や社会という教科学習をやることそのものに問題を感じているわけではない。問題は、そのやりようである。本来学習は、題材を教えるのではないから。

この表現からは、宮尾先生にとって「総合学習」と「教科学習」に対する認識の違いは、子どもたちの興味や関心から課題を据えるどうかという点に限られていることがうかがえる。したがって、課題が所与のものとして与えられる活動のなかで、宮尾先生の〈理想の学級イメージ〉を実現する内容をもつと認識される活動は、宮尾先生が《伝達者》として振る舞って活動の成立の要求を表面化し、その後は《同質な者》《任せる者》《躾ける者》《調整者》という振る舞いによって活動が継続的に維持されるのである。

6 「理想の教育の実現」と「教室のコントロール」の狭間で

宮尾先生の教室でのストラテジーは、これまでの分析が示すように《同質な者》《任せる者》《躾ける者》という「振る舞い方」が明確に意識されているのに対し、《調整者》《伝達者》という「振る舞い方」は明確には意識されていない。こうした意識の異なるストラテジーは、宮尾先生と筆者との共同の分析によると、宮尾先生が明確に意識して振る舞っている《同質な者》《任せる者》と《躾ける者》の隔たりから生み出されている。つまり、これら三つの「振る舞い方」を、「教師の指示的指導」という文脈にのせてみると、前者はそれが放棄されているのに対し、後者は表面化しているのであり、この二者間には大きな隔たりがある。したがって、こうした隔たりを補う「振る舞い方」として、「教師の指示的指導」を子どもたちにそれと感じさせないようにしながらも組み込むという表面化しない表出を可能にする《調整者》《伝達者》という「振る舞い方」が生み出されているのである。

なぜ、宮尾先生は、《躾ける者》という「振る舞い方」を避けようとするのか。これには二つの原因がある。ひとつは、「理想の教育の実現」という目的に関するもので、〈子ども一人ひとりが自主的問題解決の力をもつこと〉という〈理想の学級イメージ〉は、「教師の指示的指導」の表面化によっては為し遂げられないと宮尾先生が認識しているからである。これに関して、宮尾先生は次のように話す。

「躾ける者」として振る舞えれば楽だよね。でも、それじゃ、その時はそうなったとしても、本当に変わったかはわかんないからね。

もうひとつの原因は、「教室のコントロール」に関するもので、教室での教師―生徒関係の維持の仕方にかかわる点である。宮尾先生は次のような経験を話す。

筆者　子どもに対して出る出ないの駆け引きをしていますが、うまくいかなかったときの状態としてイメージしているのはどういう状態ですか。

宮尾先生　新卒でもった二年生。がちゃがちゃ。めちゃくちゃだった。先生の話も聞いていない。無法地帯だね。自分の言いたいことが伝わらない。それから、西小の五年生だね。女の子は掃除もやらなくなった。

宮尾先生は続くインタビューのなかで、新卒でもった二年生のその状態は「教師の指示的指導」の放棄の結果として生じ、西小の五年生のそれは「教師の指示的指導」の表面化の継続によって生じたと分析している。したがって、宮尾先生の教室での「振る舞い方」は、《躾ける者》を可能な限り避け、《同質な者》《任せる者》と、それを補う《調整者》《伝達者》によって構成されることになっているのである。

これまでの分析が示すように、宮尾先生の《調整者》《伝達者》という「振る舞い方」は、宮尾先生の「理想の教育の実現」と「教室のコントロール」という目的を同時に満たす可能性が高いものとして生み出され選択されていると考えることができるであろう。教師が教師としてある理想をもち、それを諦めない限りにおいて、教室で生み出される教師の行為は、「理想」と教室で生み出される状況——理想に対する子どもたちの反応をも含む——との相互交渉の結果としてとらえることが可能であろう。

注

（1）Woods, P.（1980）*Teacher Strategies*, Croom Helm London

（2）Denscombe, M.（1985）*Classroom Control : A Sociological Perspective*, London : George Allen & Unwin.

（3）Goffman, E.（1959）*The Presentation of Self in Everyday Life*, Doubleday & Company, Inc. 石黒毅訳『行為と演技——日常生活における自己呈示』誠信書房、一九七四年。

（4）中田基昭『授業の現象学——子ども達から豊かに学ぶ』東京大学出版会、一九九三年。

第4章　学校知と実践
――ナラティヴとしての教育を考える

瀬戸知也

1　教育の営みとナラティヴの視角

ナラティヴの視角から

教育の営みをナラティヴ（物語）としてとらえる見方は、とくに目新しいものであるとはいえないだろう。むしろ、教育実践の現場であれ、教育理論の研究であれ、ひろく信奉されていたり、あるいは当然のこととして前提視されているとさえいえよう。いわく「授業はストーリーである」「教育は物語である」云々と。（たとえば、教育実践現場の文脈であれば、松田昭一『授業創造』（鉱脈社、一九九九年）など、教育理論研究の文脈であれば、香川大学教育学研究室編『教育という「物語」』（世織書房、一九九九年）などを参照のこと。）

ここで、ナラティヴとしての教育、ナラティヴとしての授業を考えようとするのは、いまさら、なにも、教育がナラティヴであるということを主張しようとする教育論を展開しようとしているのではない。そうではなく、むしろ、そのような教育の世界における通念や信念、神話的言説のもつ社会的意味に注目し、その構造の理解や再解釈へと論をすすめていくことを企てるものである。したがって、その企てには、研究する側の自省的批判的態度を欠くことはできない。あえて、教育の世界の問題を考えるときに、ナラティヴ・アプローチというようなスタンスに立つことの意味は、いわば、「非自省的自己の脱中心化」（L・リチャードソン）[1]にある、とここでは考えている。すなわち、ナラティヴ・アプローチというような認識のスタンスは、たとえば教育の実践家にも理論家にも、自らの社会的行為に関する自省や批判という方法的自覚をもたらしてくれるところに、その意義を見いだすことができるのである。

一方で、われわれの住む日常世界が、もともとナラティヴによって構成されていることに留意しておかなくてはならない[2]。「始まり—中間—終わり」という時間的順序（ストーリー性）にしても、因果的説明行為としてのプロット（筋立て）の存在にしても、われわれの住む日常世界における、さまざまな出来事や事象のナラティヴ的構成は、いたるところに見いだしうる。教育の世界は、日常世界とのかかわりを抜きに成立しているわけではないから、日常世界のナラティヴとの関係を抜きに教育におけるナラティヴを考えようとするのはナンセンスである。

したがって、本章の問いは、次のように立てられる。教育の世界、学校や教室、授業などの社会的現実の構成におけるナラティヴの特徴とは何だろうか。そして、教育のナラティヴ研究というものを進めていくためには、どのような点に留意したらよいのか。さらに、教育実践にかかわる諸問題にたいして、ナラティヴの視角はいかなる貢献をすることができるのか。

教育世界のナラティヴ的構成

まずは、教育の世界のナラティヴ的構成について考えてみよう。

われわれの住む日常世界がナラティヴによって組織されているように、子どもの生活世界もまたナラティヴによって組織されている。

ここで、ナラティヴによって組織されているということは、時間的つながりをもつということ(ストーリー性)、そして意味的なまとまりをもつということ(プロット性)に加えて、子どもたちが、ナラティヴ・コミュニケーションの担い手として、「ナレーター(語り手)」や「聞き手」、あるいは「書き手」や「読み手」、あるいは「キャラクター(作中人物)」として、複数の担い手としての側面をもち、それらを場合に応じて使い分けている、ということを意味している。

一方、学校の生活もまた、ナラティヴによって構造化されている。制度のプロットにもとづくナラティヴであることがその特徴である。

したがって、子どもの生活のナラティヴと学校生活のナラティヴとの関係のあり方を知ることにより、学校におけるさまざまな問題、たとえば「いじめ」や「不登校」など「学校不適応問題」に関する理解に役立つことが期待される。

また、先に述べたナラティヴ・コミュニケーションの担い手という観点からみれば、子どもの「問題行動」についても、子どもの生活のナラティヴにおいてみられる「キャラクター」性や「ナレーター」性と、学校の生活があらかじめ用意しているナラティヴの「キャラクター」性や「ナレーター」性との関係のあり方の問題として、再検討することができるのではなかろうか。

一方で、ナラティヴ的認識は、ホワイト&エプストンらに代表される「ナラティヴ・セラピー」派の心理療法家からみれば、治療の手段ともなりうる。(3) ホワイト&エプストンは、「構成主義(constructivism)」の立場から心理療法における「物語的手段」(「物語モデル」)の有効性を議論するなかで、「問題の外在化」という考え方を提出している。「『(問題の)外在化』とは、人々にとって耐えがたい問題を客観化または人格化するよう人々を励ます、治療における一つのアプローチである」。(4) さらに彼らは、問題を提出する人の人生や経験の「問題のしみこんだ描写」すなわち「ドミナント・ストーリー(支配的な物語)」の「再著述」「再ストーリー化」による「オルタナティヴ・ストーリー(もうひとつ別の物語)」の生成による「治療」の可能性を論じている。(5)

すなわち、ナラティヴ的認識がもたらす「問題の外在化」を経ることにより、その子どもにとって現在問題となっている「ドミナント・ストーリー」からの「距離化」による「オルタナティヴ・ストーリー」の生成がもたらされ、傷ついた子ども自身の心の「癒し」につながることが期待されるのである。

教育におけるナレーション行為の意味

さらに、角度を変え、教育の世界におけるナレーション行為のあり方に目を向けてみよう。教師と児童・生徒、それぞれの側におけるナレーション行為の意味を考えてみよう。

①ナレーターとしての教師の位置。教師のナレーション行為とは何か。

およそ学校教育のナラティヴにおけるナレーターの位置、すなわち、主導権をにぎるのは、教師である。たとえば「教師は権力者である」というような言説がなされることがあるが、[6]それは、ナラティヴという概念を導入することで、より具体的なイメージとして把握可能である。つまり、教師は、学校教育というナラティヴにおいて、ナレーターという位置を占有することによって、その権力を行使している、といえるのではないか。

②キャラクターとしての児童・生徒の位置。児童・生徒にとってのナレーション行為の意味とは何か。

一方、児童・生徒たちは、教師・学校側のナラティヴのなかで生活することが制度的に規定されている存在であるがゆえに、キャラクターとして位置づけられやすい存在である。もちろん、その場合のキャラクター性についてみてみると、「主人公」としてのそれもあれば、「脇役」として、あるいは、「エキストラ」として、はたまた「オーディエンス」としてのそれ等々、さまざまなヴァリエーションをもつ。しかし、いずれにしてもキャラクターとしてさまざまなストーリー群のなかに位置づけられる存在である、という特徴は一定している。

その観点に立つと、児童・生徒たちにとってナレーション行為の意味とは何か、という問いが、学校教育というナラティヴにおける児童・生徒のあり方の問題を、その可能性を含めて考察する際の重要な問いのひとつとなってくる。はたして、ナレーターとしての児童・生徒たちの位置づけは、キャラクターとしての位置づけをドミナントとする学校教育のナラティヴにとって、どのような意味をもつことになるのだろうか。

2 教育研究におけるナラティヴな転回と展開

「隠れたカリキュラム」の研究

学校において実際には何が学ばれているか。この問いに対する答えをもとめて、一九六〇年代後半から八〇年代にかけて、多くの教育研究者たちが、たとえば、「隠れたカリキュラム(hidden curriculum)」なる用語をキーワードとした、多種多様な研究に着手し、研究成果を積み重ねてきた。ジャクソンによる古典的な hidden curriculum の定義にみられるように、「隠れたカリキュラム」

という概念は、学校の教室の「生活の諸事実」を総称する概念として始まったものである。(7)

その後の「隠れたカリキュラム」研究は、たとえば、オープン教育などの学校教育のイノベーションの試みが、それまでの教育のあり方についての「隠れた」前提を明らかにしたように、その時代、その状況における、それぞれの教育の営みへの反省的視線を向ける研究としてさまざまに展開されてきた。(8)

近年の教育研究を含む人間・社会科学系での「ジェンダー」研究の文脈における「隠れたカリキュラム」研究の展開などにも、その特徴をみることができる。(9) それらは、研究視点の問題としてとらえ直せば、学校という社会的現実の多元性の問題へと、研究者のまなざしを向け直させる契機でもあったといえるだろう。

学校における「知」の特質

学校の生活を「知」の特質という視点から考えてみたときに、日常の生活の「知」との対比から、「学校知」という用語が使用され、注目されるようになったことも、「隠れたカリキュラム」研究のインパクトを受けた後に展開されてきた研究視点のひとつであると考えることができるだろう。

「学校知」とは何か。日常の生活においてわれわれが利用している知識やその運用の仕方を、「日常知」と呼ぶとすれば、学校という社会的場面において特徴的な知識とその運用の仕方は、「学校知」として区別しうるものであると考えられる。

その概念の特徴は、教科書的知識に代表されるような原理・原則としての特徴をもっているというだけでなく、その「知」の固有性や限定性が、成員によって自覚されず、むしろ、普遍性や一般性が前提にされている、というところに見いだすことができよう。

では、その「学校知」の何が問題となるのか。一九八〇年代初頭に、学校社会学研究会(研究代表者：山村賢明筑波大学教授(当時))がおこなった「受験体制」に関する共同研究のなかで、小学生および中学生を対象とした調査をおこない、擬似的なテスト問題を作成・実施し、その際に、「学校知」の一形態である「教科書的知識」(教科書にのっている知識)と「日常的知識」のどちらの知識の文脈を参照して解答行為がおこなわれたかに関する調査報告がなされている。(10) そこで明らかにされたことは、テスト問題の解答行為をおこなった児童・生徒たちのほとんどすべてが、「教科書的知識」の文脈に照らした解答の方を、「日常的知識」の文脈に照らして得られる解答よりも、「より正しい」答えとして選択していたということである。

すなわち、「学校知」は、「日常知」よりも、「より正しい」ものとして価値づけられ、しかも、それは自明な事柄とされ、流通している。ここに、「学校知」が有する「正しさ」の支配=権力作用の場を見いだすことができる。しかもその知のあり方は、正当性の根拠が自明視され、疑われないという仕組みを付随している。

これは、「知識の官僚制化」とでも呼ぶべき問題状況を示唆するものではなかろうか。かつて教育人類学者ヘンリーは、一九六〇年代のアメリカ合衆国の教育システムのうちに、「官僚制化された知識」の存在を見いだした。官僚制とは、位階制的に組織された機構のことであり、いったん確立されたタスクを貫徹しようと成員の役割を限定し、手続きをルーティーン化し、変化を阻止し、自身の永続化をはかろうとする機構のことである。それが知識のレベルにおいても浸透し、教育の世界において、教師や児童・生徒たちが、絶えず「失敗をおそれる」精神を身につけていく、という事態の蔓延を、ヘンリーは、「教育におけるヴァルネラビリティ問題」として論じたのであった。[11]

現代日本の受験体制下でのテスト経験は、教科書的知識の文脈を優勢なものとする「学校知」の支配の下で、「知識の官僚制化」という「隠れたカリキュラム」を現象しているといえるだろう。竹内もまた、実証的な研究データをもとに、日本社会における「試験」システムの最大の問題点として、「精神の官僚制化」の問題があることを指摘している。[12]

〈ナラティヴとしての教育研究〉へ

さて、このように展開されてきた「隠れたカリキュラム」をめぐる研究動向は、教育現象の「隠れた」相を扱うという研究視点において、人間の行為の「隠れた」特性としてのナラティヴ的構成に注目するナラティヴ・アプローチとの接点を見いだすことが可能であるように思われる。

すなわち、事実として学校で何がおこなわれているか、を問う視点としての「隠れたカリキュラム」研究のスタンスから、学校をめぐって何がどのように語られているか、を問う視点としての、

〈ナラティヴとしての教育研究〉のスタンスへという、新たな研究スタンスへの転回の可能性を見いだすことができるのではなかろうか。

そのようなスタンスに立つと、学校における知の特質という問題についてもまた、次のように語り直されることになるだろう。

——学校という場、なかでも教室における授業という社会的場面においては、さまざまなナラティヴ（物語）が行き交い、交響する、ひらかれた対話世界をつくりだす可能性が示されることもあれば、相互に断絶され、独白に終始する、とざされた言説空間を提供することにもなりかねない危険性を秘めた場としても現象する。授業は、ナラティヴ・コミュニケーションの揺籃の場である。そして、学校・教室は、ナラティヴ・コミュニケーションが展開する多元的現実の舞台である——と。

——〈教育というナラティヴ〉〈授業というナラティヴ〉を研究する——ということ。

こうした研究テーマの具体的な展開としては、先に述べたナラティヴにおけるストーリー性やプロットの問題だけでなく、ナラティヴ・コミュニケーションの担い手（行為者のカテゴリー）の問題、すなわち、ナラティヴ世界のキャラクター（作中人物）およびナレーター（語り手）と聞き手の問題、書き手と読み手の問題をも視野に入れながら、ナラティヴの複数性、たとえば、カウンター（対抗する）ナラティヴや、オルタナティヴ（もうひとつ別の）ナラティヴの可能性の問題など、さまざまな問いを探究していくことが考えられる。

たとえば、メインズは、「ナラティヴ社会学（ナラティヴなワークとしての社会学）」に向けての構想を述べた論文のなかで、「ナレーターとしての社会学者」の位置づけをおこない、その特徴を以下の四点にまとめている。(13)

メインズによれば、社会学者とは、①理論と呼ばれる専門的お話の紡ぎ手、②ナラティヴの要素を雑誌論文や調査報告へとアレンジするのが上手な実践家、③西洋合理主義の文化と呼ばれているメタ・ナラティヴにとらわれている人びと、④社会学と呼ばれている集団のさまざまなストーリーを語る日常の民俗学者、である。

また、アトキンソンは、民族誌という社会学的テクストの構成における「社会的行為者のカテゴリー」の問題について議論するなかで、ナラティヴの観点を積極的に取り入れることにより、民族誌を構成するにあたって、民族誌を記述する者（「研究者」）が、自身を「ナレーター」の位置におく一方で、記述の対象とされる人びとをさまざまなタイプの「キャラクター」として描くことをめぐる諸問題（たとえば、「テクストにおける主体としてのナレーターにたいして、客体としてのキャラクター」など）を議論している。(14)

これら研究者におけるナレーター性をめぐる問題群は、教育という領域における研究をおこなう研究者にとっても重要な視点を提供するものではなかろうか。

すなわち、研究者が、ナレーター性をどう自覚し、自らの研究において位置づけていくか、という問題であり、さらにいえば、行為者としての研究者自身のポジションについての再認識・再検討の問題である。ここのところの自覚こそが、〈ナラティヴとしての教育研究〉への意味のある転回をもたらす立脚点になるものと思われる。

3　教育実践の問題へのナラティヴ・アプローチ

ナラティヴの視角からみた「学級崩壊」問題

一九九〇年代末、日本における教育問題のひとつとして、「学級崩壊」と呼ばれる現象がにわかに注目を浴びた。

「学級崩壊」とは、「教師によるコントロールが利かず、授業中に立ち歩きや私語、自己中心的な行動を行う児童・生徒によって授業が成立しない学級の状態をいう」(15)。

学級経営研究会(研究代表者：吉田茂国立教育研究所所長)は、一九九九年に、文部省の研究委嘱を受け、「学級経営の充実に関する調査研究」を進める過程で、教育実践現場の事例にもとづく類型化作業の中間報告をおこなっている(ただし、この調査研究においては、「学級崩壊」という用語は直接には用いられず、「学級がうまく機能しない状況」と再定義している)。

その中間報告(一九九九年九月)では、「経営困難な学級の実態」が、一〇種類のケースにまとめられている。その一〇種類のケースのなかで、最も多いケースは、「教師の学級経営が柔軟性を欠いている事例」(七四学級)であると指摘している。

ナラティヴの視角からみれば、「学級崩壊」の問題は、「学級」というナラティヴにおける（「崩壊」というナラティヴの）問題としてとらえ直すことができるのではなかろうか。

つまり、ナラティヴの特徴は、「一方の属性から他の属性への移行を可能にする『変換あるいは媒介』の過程にある」（T・トドロフ[16]）ということから、子どもや子ども集団の変化は、ナラティヴにおける変化という観点から意味づけし直すことが可能である。

したがって、ナラティヴの観点を採用することにより、「学級崩壊」や「子どもの荒れ」などの現象については、「崩壊」／「荒れる」前の「学級」／「子ども」と、「崩壊」／「荒れた」後の「学級」／「子ども」の間の変化として、すなわち「学級」という、あるいは「子ども」というナラティヴの一連のシークエンス上での現象として位置づけることができるのではないか。

このようにして、ある観点を自明視したときの実案化された「崩壊」や「荒れ」にとらわれるかわりに、それぞれのナラティヴの文脈上にそれらの現象が位置づけられることにより、ナラティヴとしての現象の理解が可能となるであろうし、さらに「カウンター・ナラティヴ（対抗する物語）」への気づきや「オルタナティヴ・ストーリー（もうひとつ別の物語）」の生成の可能性など、新たな展望がひらかれてくることになるのではなかろうか。

ナラティヴの視角からみた「いじめ」問題

さらにまた、現在に至るまで根本的解決策を見いだせずにいる「いじめ」問題に対しては、社会構築主義的な問題関心をベースにしつつ、ナラティヴの観点を導入することによる議論を展開することによって、以下に述べるような基礎視角を得ることができる。(17)

①「いじめ」問題の認識から「いじめ」ナラティヴの認識へ

「いじめ」問題は、「自己物語(自己によって語られる物語)」と「第二の物語(他者によって語られる自己の物語)」との二重のナラティヴとして認識しうる。しかし、この認識には困難性がみられる。第一に、「いじめ」の実体性・遍在性の前提視は、「いじめ」問題のナラティヴとしての認識それ自体の成立を困難にする。第二に、たとえ「いじめ」ナラティヴとしての認識がおこなわれるにしても、「自己物語」としての「いじめ」と「第二の物語」としての「いじめ」という二重性の問題が残る。つまり、「第二の物語」であるものを「自己物語」の水準において認識するにとどまるか、二つの水準を混同しやすい。われわれが前提視している自動化された認識作用の自省行為としてナラティヴ性の認識がある。

また、「社会的反応」としての「いじめ」問題のナラティヴ的構成は、他者によって構成される「いじめ」問題の解決策をめぐるナラティヴの定型性を明確化する(定型化されたナラティヴへの回収)。いわば、「いじめ」の「マスター・ナラティヴ」のヴァリアント(異本)として「いじめ」をめぐるさまざまな「語り」が位置づけられうる。

②「いじめ」ナラティヴ世界における行為者のカテゴリーという観点

ナラティヴの視角からみれば、ナラティヴ・コミュニケーションは「(現実の)書き手」「内包された書き手」「ナレーター（語り手）」「キャラクター（作中人物）」「聴き手」「内包された読み手」「（現実の）読み手」などの行為者のカテゴリー（担い手）によって多層的に構成される。

たとえば、よく知られている森田・清永の議論[18]を参照しよう。この議論の切り口としては、「いじめ」問題における行為者のカテゴリーとして一般に利用される「被害者」や「加害者」だけでなく「観衆」や「傍観者」などのカテゴリーを付加する点が特徴的であった。しかし、ナラティヴの視角から見れば、彼らの「直感に反して」、「いじめ」問題の「語り」の問題として、「ナレーター」や「キャラクター」「書き手」などのカテゴリーを用いて、行為者のカテゴリーを「置き換え（displace）」、ナラティヴ世界におけるキャラクター性の問題として再提示することが可能である。このような手続きを通してみると、「四層構造」の考え方では「いじめ」ナラティヴにおける「書き手」や「ナレーター」「聴き手」「読み手」などのナラティヴ・コミュニケーションにおける行為者の多層的側面がとらえきれない。また、「専門家」は、つねに「ナレーター」のポジションから「超越的解釈」を施行し、自身の「キャラクター」性が問われない、という問題点を見いだせる。

すなわち、だれが「いじめ」問題の犯人か―を問う素朴な「リアリズム」ではなく、「いじめ」問題になんらかの形でかかわる各行為者が、すべて「いじめ」ナラティヴ世界の行為者のカテゴリーとしてどのように参加するか、その様態こそが問われるのである。

③ナラティヴ的認識の可能性――「オルタナティヴ・ストーリー」の可能性

「いじめ」られている当事者にとっての「いじめ」問題のナラティヴ的認識は、自らの問題的状況からの脱出の契機ともなりうる。すなわち、「ドミナント・ストーリー」としての「いじめ」ナラティヴからの「距離化」「問題の外在化」による「オルタナティヴ・ストーリー」の生成は、「癒し」の機会を提供する可能性を示唆する。[19] これは、問題の当事者にとって、「いじめ」問題の犯人捜しをすることよりも、より直接的に意味があることではなかろうか。

たとえば、「『いじめ』を苦に自殺した」とされる子どもたちの遺書[20]などの叙述をみてみると、そこに、「問題のしみこんだ描写」すなわち(「いじめ」られている自分という)「ドミナント・ストーリー」のキャラクターの「セリフ」ばかりが目立つように思われる。ナレーターとしての子どもの「語り」の意味が問われる所以である。

したがって、ナラティヴの視角からみたとき、「いじめ」問題の克服に向けてまず取り組めることは、いかにして当該の「いじめ」ナラティヴからの「距離化」(「問題の外在化」)を可能にするか、すなわち、「再著述」「再ストーリー化」を通じての「問題の外在化」による「オルタナティブ・ストーリー」の生成をどのように促進するか、という点にあるといえるだろう。

ナラティヴの視角からみた学校教育の実践

では、いわゆる学校教育の実践全般を見渡してみたときに、ナラティヴの視角は、どのような貢献をすることになるのであろうか。

学校教育の各領域のなかでも、とくに特別活動の領域における学級活動(ホームルーム活動)や学校行事の組織化の原理としてのナラティヴ性に注目することにより、教育実践にナラティヴの視角を導入することの意義を明確にすることができるように思われる。[21]

では、その例を以下に示すことで、本章のまとめにかえたい。

①学校教育の授業における指導過程の原則としての「導入」—「展開」—「整理」という三つの段階の考え方には、授業のナラティヴ的構成(「始まり」—「中間」—「終わり」というストーリーとしての時間的秩序)をみることができる。

それに加えて、学級活動における「学級開き」の実践や「朝の会」「帰りの会」などの実践、学校行事としての「入学式」「卒業式」「始業式」「終業式」などの儀式的行事においては、その行為の枠組みにおいて、一単位時間に限定されない、より長い時間的スパンをもったナラティヴ的構成をみることが可能である。

以上のことをふまえて、これからの教育実践の可能性を考えたとき、浮かび上がってくるのは、これらの学級活動や学校行事の枠組みのナラティヴ的構成に立脚した内容の選択をどのようにしていくか、という問題設定である。

たとえば、キャリア・カウンセリングをめぐって、コクランは、「キャリアにおける意味をつくりだす基盤として、ナラティヴがある」とおさえたうえで、キャリア・カウンセリングの課題を、「人々が、より意味のあるキャリア・ナラティヴを構築し、その役を演ずるよう援助すること」に見いだしている。さらに、他のカウンセリングとキャリア・カウンセリングとの違いを「未来のナラティヴ future narrative」を強調する「時間的スコープ」の要求にある、と指摘している。[22]

つまり、学級活動や学校行事の実践において、ナラティヴの視角に立ったキャリア・カウンセリングなどを実施することによって、より効果的な教育実践活動に結びつくことが期待されるのではなかろうか。

②学校教育というナラティヴ・コミュニケーションにおけるナレーターとしての児童・生徒の位置を確保できる場として、特別活動の領域の意味をとらえ直すこと。

つまり、教科の授業においては、教授者に対する学習者として、キャラクター的役割を演じることが多いのに比べれば、特別活動においては、児童・生徒がナレーター的役割を担いやすい、という領域としての特徴がみられる。

その点をより明確に自覚することによって、問題を抱えた児童・生徒にとっては動かしがたい抑圧として存在している(かもしれない)「ドミナント・ストーリー」に対する「オルタナティヴ・ストーリー」の生成を促す効果というものが期待できるのではなかろうか。

たとえば、ハワードは、ライフ・ストーリー構築の問題としてアイデンティティをとらえた論文のなかで、「ライフとは、私達がそれによって生きるストーリーである」ととらえたうえで、「心理療法(サイコセラピー)とは、そうしたストーリーの修復のエクササイズである」と述べている。また、セラピーの始まりのところは、「セラピストとクライエントの間のライフ・ストーリーの『推敲』『調整』『修復』の過程である」としている。[23]

ここでいう「セラピスト」と「クライエント」のところに、「教師」と「児童・生徒」を代入してみれば、児童・生徒のライフ・ストーリー構築を支援するという形での教育実践のあり方が見えてくる。その際には、教師がナレーターではなく、児童・生徒がナレーターとして、自らのライフ・ストーリーを語るというプロットが生まれてくるだろうし、同時に、教師の側も、ナレーターの占有から解放されることで、自らのライフ・ストーリーを振り返る契機にもなることが期待される。

言い換えれば、児童・生徒および教師それぞれにおいて、自己のナラティヴ/他者のナラティヴの「読み換え/書き換え」をおこなうことによる、自己理解/他者理解の深化につながる可能性を、特別活動の実践の場において具体化することができるのではなかろうか。

③学校行事の実践を、文化人類学でいうところの「通過儀礼」として明確に位置づけ、意味づけることにより、教育実践のナラティヴ的構成がもつ意義をより明確に意識できるような実践をおこなうことができるのではないか。それは、学校行事の形骸化というものに対抗する手だてともなることが期待される。

ヴァン・ジェネップは、構成員が一つの文化集団から新しい別の文化集団へと移行する過程が、「分離」―「過渡」―「再統合」という三つの段階からなるということを明らかにし、その過程を「通過儀礼」と呼んだ。(24)「通過儀礼」を経ることにより、新しい構成員が新しい社会的地位を獲得したということが他者によって確認され、また自己によって実感されるという仕組みを明らかにしたのである。

この「分離」―「過渡」―「再統合」という三つの段階の考え方は、ナラティヴにおけるストーリー性の三段階（「始まり」―「中間」―「終わり」）を想起させるものであるだけでなく、ナラティヴ・セラピーにおける「書き換え療法」の三段階とも極めて類似している。

エプストン＆ホワイトによれば、人生というストーリーの再著述としての「書き換え療法」は、（その人の問題ある知識・物語から）「離れる」段階、（服従を余儀なくされている関係に）「対抗させる」段階、そして（その人にとって望ましい方向で自分の人生を）「書き換えられる」段階、の三段階からなる、ものとして説明されている[25]。

もし、学校行事の実践が、「通過儀礼」としての性格をもちうるようなものとして位置づけられるのならば、それは、学校教育の実践のナラティヴ的特質を生かす実践であると同時に、問題を抱えた子どもたちにとっては、自らの問題あるナラティヴの「書き換え」の機会、すなわち「癒し」の可能性につながることが期待される。

そこには、学校教育というナラティヴにおける、「癒し」のコミュニケーションとしてのナラティヴ・コミュニケーションの展開の可能性というものが示唆されているように思われる。

注

（1） Richardson, L. (1992) *The Consequences of Poetic Representation, Investigating Subjectivity,* (Ellis &

Flaherty eds.), Sage, p. 136.

(2) Mitchell, W. J. T., ed. (1980) *On Narrative*, The University of Chicago Press, など参照。

(3) ホワイト&エプストン、小森康永訳『物語としての家族』金剛出版、一九九二年など。

(4) 同書、五九頁。

(5) 同書、「ストーリーだてる治療」一〇〇―一三五頁、「対抗文書」一三六―一五九頁。

(6) たとえば、鳥山敏子『からだが変わる授業が変わる』晩成書房、一九八五年、二七四頁など参照。

(7) Jackson, P. W. (1968) *Life In Classrooms*, Rinehart & Winston.

(8) C・E・シルバーマン、山本正訳『教室の危機』サイマル出版会、一九七三年など参照のこと。

(9) たとえば、宮崎あゆみ「学校における『性役割の社会化』再考」『教育社会学研究48』一九九一年など参照のこと。

(10) 瀬戸知也「テスト技術とテスト的思考」学校社会学研究会『受験体制をめぐる意識と行動』伊藤忠記念財団調査研究報告書8、一九八三年、一五〇―一六二頁参照。

(11) Henry, J. (1966) Vulnerability In Education, *Teacher College Record*, Vol. 68., No. 2.

(12) 竹内洋『日本のメリトクラシー』東京大学出版会、一九九五年など。

(13) Maines, D. R. (1993) Narrative's Moment and Sociology's Phenomena, *The Sociological Quarterly*, Vol. 34., No. 1, p. 32.

(14) Atkinson, P. (1990) *The Ethnographic Imagination*, Routledge, pp. 104-156.

(15) 『情報・知識 imidas 2000』集英社、二〇〇〇年、一一四九頁。

(16) T・トドロフ「テクスト」デュクロ&トドロフ編、滝田文彦ほか訳『言語理論小事典』朝日出版社、一九七五年、四六四頁。

(17) 以下の議論は、瀬戸知也「物語の観点からみたいじめ問題」(第四七回日本教育社会学会課題研究報告、一九九五年)においておこなった考察内容の要約部分に一部修正を施したものである。

(18) 森田洋司・清永賢二『いじめ』金子書房、一九八六年。
(19) ホワイト&エプストン　前掲書。
(20) 子どものしあわせ編集部編『いじめ・自殺・遺書』草土文化、一九九五年参照。
(21) 以上の議論は、瀬戸知也「子どもの生活現実と特別活動の教育的役割の再検討・コミュニケーションの観点から」(日本特別活動学会第七回大会シンポジウム報告、一九九八年)において言及した内容の一部を敷衍した議論である。
(22) Cochran, L. (1997) *Career Counseling : A Narrative Approach*, SAGE.
(23) Howard, G. S. (1991) Culture Tales, *American Psychologist*, Vol. 46, No. 3, pp. 187-197.
(24) ヴァン・ジェネップ、綾部恒雄・裕子訳『通過儀礼』弘文堂、一九七七年。
(25) マクナミー&ガーゲン、野口裕二・野村直樹訳『ナラティヴ・セラピー』金剛出版、一九九七年。

第5章　カウンセリングマインドと実践
——保健室、教室からみた心の教育の方向と教師を考える

秋葉昌樹

1　心はどこにあるのか

ここ数年、教育問題を語るキーワードの一つとして、〝心のケア〟がクローズアップされてきた。すなわち、子どもの心を理解するため、個々の教師はカウンセリングマインドを備えなければならないということである。文部省の教育改革プログラムでも「心の教育」は最重要課題のひとつだ。〝学校は心を育てる場に〟をスローガンに、道徳教育の充実や、カウンセラー導入、問題行動への毅然とした対応、などが掲げられている。また、教員の資質改善をめざし免許法も改正され、「子供の悩みを受け止められる教員の養成」が進められてもいる。(1)

このように、教育改革が実行に移されつつあるものの、改めて心の教育とはなにかと考えたとき、なおもその姿はなかなか見えてこないようにも思う。心の教育とは何だろうか？　教育の対象たる心とは、どういうものなのだろうか、どこにあるのだろうか。わかったようでその正体にはなかなかたどり着けない、とらえたと思ったらすり抜けていく、とらえそこなってはじめてその存在に気づく……そもそも心とは、そういうものなのかもしれない。現在、教師にはその資質改善が、とりわけ「子供の悩みを受け止められる」ことが、ますます強く要請されている。子どもの心が読めないとき、あるいは子どもの気持ちを十分に汲み取れなかったと思うとき、窮地に立たされる――〝なにか対応に不備があったのではないか、カウンセリングマインドに欠けているのではないか〟というふうに、自分自身の資質の問題として考えてしまわないだろうか。熱心で真摯に子どもの心と向き合おうとする教師であればあるほど、そうした思いに足をすくわれ空回りしてしまう――そんなことはないだろうか。

教師が日々のさまざまな実践場面で子どもの心と出会っていくとき、たしかにその出会い方には、個々の教師の資質、生徒の特性も関係してはいるものの、同時にそれは、それぞれの場面状況に左右されるものでもあるのだ。〝実際の〟やりとりの場面で、教師はどのようにして子どもたちの心に出会い、直面するのか、現に教師はそのときどのように対応しているのか。

本章では、日々の実践のなかで、教師は〝子どもの心〟にどのように向き合い対応しているのか、教育実践の構造とその過程で出会う子どもの心との関係について、実際のやりとりの事例を基に考えてみたい。教師が子どもの心について悩むとき、それは必ずしも教師個人の資質のみに起因するのではないことを示唆することができれば、と思う。

2　心の見方、とらえ方――理論的前提

やりとりのなかの心、やりとりを通して見える心

「相互行為分析」（＝やりとりの分析）の立場から社会・文化を研究する西阪[2]は、心について次のような考え方を呈示している。

人びとが互いに理解しあうとはどういうことかについて、しばしば、二人の人を二つの円で代表させ、その間をなにかが通ずるというふうに考えがちである。一方の円のなかでなにかが生じ、それがなんらかの記号に変形され表出されたものが、他方の円のもとで解読され解釈される、という具合に。あたかも二人の人は、互いに交わることのない円としてそれぞれの心をもっているかのように。しかし、これは端的にまちがったイメージである。あらかじめ心がどこかにあり、それが互いに語りあい理解しあう、というのではない。むしろ、心は、相互行為のなかで語ることのうちにある。

つまり、わたしたちの心は、他者とのやりとりのなかで、いわば日常の経験レベルで枠づけられてのみ、はじめて形を成すものである、という考え方だ[3]。この主張を、やや極端に思われる向きも

あろうかと思う。しかし振り返ってみたときに、わたしたちは、他人の心にも、さらには自分自身の心にさえ、〃相互行為のなかで語る〃レベルで、つまり誰かと話をしたり、やりとりをするなかで出会うことがしばしばある（事例は西阪前掲書に詳しい）。

では、やりとりのなかの心を、どのようにして探求してゆけばよいのだろうか。たとえば社会学者バーガーとルックマンの著作に「会話機構は経験のさまざまな要素に、表出様式を与え、現実世界のなかに明確に位置づけることによって、現実を維持している(4)」というくだりがある。このように見るならば、子どもの心の問題について考える第一歩もまた、すでに〃日頃の教育実践のなか〃にあることになる。つまり、会話を中心に、教師と生徒のやりとりを、実践のありのままの姿を分析していくことで、反省的にそれをとらえることができるように思うのだ。

事例研究の考え方――実践をありのままの姿でとらえることの難しさ

そうはいっても、〃実践〃をありのままに、しかも反省的にとらえるということは、ことのほか難しい。近年、教育社会学のみならず、教師教育・教育方法の領域でも、たとえば佐藤学の主唱する〃教師＝反省的実践家〃モデルとともに、エスノグラフィー（〃事例〃研究）の重要性が認識されるようになってきたが(5)、こと教師自身の手によるエスノグラフィーとなると案外やっかいな作業になるように思う。自らの振る舞い方を反省的にとらえることの難しさは、当の教師自身がもっともよく知るところであろう。

実際、研修会の実践報告や学校事件のリポートなど、教師はさまざまな機会に事例をまとめることがある。教師も教育研究者も、さまざまな工夫を凝らして事例を検討していく。多くの場合、そこでの〝事例〟は、①よりよい教育実践のために、教育方法やカウンセリングに関する専門的知識体系・技法体系の具体例、臨床例として、あるいは②事件の再発防止などのための報告として、「どうしてこういう対応をしないのか」というように、教師や教育研究者がいわば〝反省のための事例〟としてストーリー仕立てでまとめた〝事例〟として、重要な意味をもつものである。

さて、本章で見ていく〝事例〟は、このようなストーリーとしてのまとまりをもった記述ではない。むしろそうした〝反省のための事例〟のすき間から知らず知らずのうちにこぼれ落ちてしまう行為や出来事の細片である。〝反省のための事例〟として報告するには意味が見いだせないような、そんな日々の教育実践のありふれたやりとり(会話)の細片のことである。すなわち、経験を編み出すやりとりの成り立ち方(構造)をとらえるための事例である。日頃あまり気にも止めないでおこなっているやりとりの細片にこそ、反省的実践のヒントが隠されていると考えられるからである。

では、教師とのやりとりのなかで、子どもの経験はどのように編み出され、また子どもの心はどのようにその経験のなかに織り込まれているのだろうか。以下では、子どもの経験を枠づける二つの〝制度的な場面〟の事例を検討していこう。ひとつは授業場面におけるやりとり、つづけて保健室場面におけるやりとりである。授業に関しては、従来より「児童・生徒が日々の学校生活で何をどのように経験しているのかを問う時、学級における教授＝学習過程の構造と質が子どもの経験を規定する仕方が、考察の一つの焦点となる」[6]といわれてきた。もう一方の保健室は、近年保健室登校に見られるように、子どもの心の問題解決への貢献が認知されてきた意味で取り上げることにしたい。

なお、ここで〝制度的な場面〟として〝授業〟や〝保健室〟を取り上げるという作業は、教師や子どもが、制度化されたやりとりの特徴を、やりとりをしているただ中で、どのように表現しつつ、そのやりとりを進めているのかを検討する作業である。[7]その特徴は、日常のやりとり（会話）の場面と比較したとき、よりはっきりすることが多い。

日頃のやりとりで、わたしたちの経験は、たとえば質問―応答、提案―受諾／拒絶というようなペアの積み重ねによって枠づけられている。[8]こうしたペアは、会話を逐語的に書き起こすと、隣りどうしに接しているように見え、「隣接ペア」と呼ばれている。それが隣接するように見えるのは、経験を形づくる際、やりとりの参加者としての強い規範がわたしたち自身に課せられていることの証左でもある。たとえば、一方の人が何か提案して、他方（提案された側）の人がこれを拒絶するような場合、話し始めるときなんらかのサインを出すことが多い（たとえば、間（ま）が開いたり、まゆをしかめたり、相手の目を見なかったり、「いや、」とか「んー、」という具合に切り出したり、など）。なんらサインも出されずに、相手からすぐに応答がなかったら、妙な後味の悪さを味わうように思う。つまり、やりとりの参加者はいわば隣接ペアを形成する権利と義務を負うのである（＝「やりとりの参与地位[9]」）。

日頃のやりとりと比較したとき、制度的場面のなかの教師と子ども(以下、生徒と表記)の関係は、経験を構造化していく仕方にどのような違いがあり、そのなかで、生徒の心はどのように位置づけられていくものなのだろうか。さしあたって以下では、事例に対して評価的解釈をできるかぎり織り込まないように記述をすすめていきたいと思う。検討する事例では、すべてカセットテープおよびビデオテープに収められた実際の実践記録を逐語的に書き起こしたものを用いている。

3 「授業」のなかの心――授業再開場面における生徒の経験と心

「制度的場面」としての授業の典型的特徴のひとつは、やりとりが進んでいくとき、《教師の質問》→《生徒の応答》→《教師の評価》という教授学的な三成分連鎖《シークエンス》が積み重ねられ枠づけられていくところにある。(10) それはやりとりの成り立ちのうえで、日常会話のやりとりとは著しく異なっている。日常会話であれば、質問者は答えを知らないから質問するのであるが、教授=学習過程のやりとりでは、質問者である教師がすでに答え(正解)をもっている。基本的に、生徒が学校のなかでもっとも多くの時間を過ごすはずの授業において、その経験は、この教授学的な三成分連鎖のなかに枠づけられているという意味で、また知識内容の点で生徒の答えは質問者である教師によって評価の対象にされる意味で、教師との非対称的(=権力的)な関係構造のなかで枠づけられているのである。

本節でみていく授業再開場面では、一見このような非対称的なやりとりの構造から解き放たれ、フランクなやりとりが展開しているかにも見える。このような局面におけるやりとりで、経験をつくり出し枠づける構造には、授業の制度的特徴[11]が見いだせるのかどうか、そしてそのなかで生徒の心はどのように扱われていくのか、ここでは拙稿のデータの一部を再分析しつつ、検討していきたい（事例1）。

テストが返され、答え合わせが終わったとき、生徒の関心が「平均点は何点か」ということに集中するのはよくあることだ（じっさい授業のフィールドワークをしていると、こうした場面にはじつによく出会う）。この場面で山田太郎教諭（仮名、以下Tと表記）は、「期末考査に関しては以上です」（一番目の発話）というふうにテスト関連の話題を終了し、さらに七番目以降のTの発話に明らかなように、通常の教授＝学習過程に移行する流れをつくろうとしている。

さて、この場面に関して、教師の対応という観点など、さまざまな評価的論評が可能かとも思われるが、さしあたってここで注目したいのは、生徒S2の発話（＝矢印の箇所）が、Tに向けられているにもかかわらず隣接ペアを形成できず、場面が展開していくなかで埋没してしまうことである。S2は「今回寝てないじゃんかー、がまんしてーせっかく起きててやったんだからさー」（六番目の発話）、「二年のとき全部1なのによー」（八番目の発話）、さらには山田教諭のフルネームを呼び捨てにして「こうなったら二学期山田太郎をびっくりさせせんからなー」というふうに、自分の苦しい立場や思いを表明している（これらは単に二年のときの成績や授業中に起きているという〝事実の表明〟

事例1　定期テストの返却後の授業再開場面（T：教師，S#：生徒）

1:	T	はい，じゃあ期末考査に関しては以上です。
2:	S1	平均は？
3:	T	平均は出していません。
4:	S1	どのくらい？
5:	T	何点ぐらいで3とれるか，わかりません。だって中間と期末合わせて，上から下から並べてみて，寝てるS2君は少し落とそうとか……。
6:	→S2	今回寝てないじゃんかー，がまんしてーせっかく起きててやったんだからさー。
7:	T	えー，教科書，資料集出してー今日は明治時代なんでね。
8:	→S2	2年のとき全部1なのによー。
9:	T	はい教科書ーはい，ずいぶん間が開きましたので，ちょっと振り返っときます。 S5君，よろしいですかー252ページから253ページあけてー。
10:	→S2	こうなったら2学期山田太郎*をびっくりさせんからなー。
11:	S3	お前，口だけだからな。
12:	S4	じゃーおれ，その（＝S2の） 4倍の点数ねらう。
13:	T	はい教科書ーはい，あー，前回やったようにーえー，約10年間そんなに世界大戦みたいな戦争の危機のない状況の中で……。

＊；Tのフルネーム：仮名

というわけではない）。

S2はこの場面に以下のように登場する。それは五番目の発話のなか，Tがテストの平均点について質問するS1に応えるときである。二番目～五番目のT―S1のやりとりで，たしかにTはS1に答えつつも，その後半でS2が引き合いに出される。ここでのTの後半の答え方「だって中間と期末合わせて，上から下から並べてみて，寝てるS2君は少し落とそうとか…」にポイントがある。S2は，このTの発話を受け，いわば場面に引きずり出されており，その発話は、直接的にはTに向けられているように見える。しかしTはそれに応えず、「えー、教科書、資料集…」（七番目）、「はい教科書ーはい、…」（九番目）に見られるように教授＝学習過程に移行する流れをつくろうとする。これらのTの発話は、特定の生徒に向けられたものではない。九番目の発話後半、S5にも注意が向けられていることからもわかるように、Tの発話はクラス全体に目配りをしつつ授業再開に向けての構えをつくろうとするものである。話題をS2に振り向けたのは、むしろテストの平均点をまだ出し終えていないTが苦し紛れに話題をそらすためだったのではないか、その結果、苦境に陥れられたS2は懸命に釈明しようとして、墓穴を掘ってしまった——平たくいえばこんなふうにも解釈できる。

さて、ここまで見てきたポイントは日常会話のやりとりと比べたとき、どのような特徴をもっているのだろうか。日常会話の細片であればS2はTとの隣接ペアの形成に失敗しているのだということもできるだろう。七番目のTの発話冒頭の「えー、」は、自分に向けられた発話に優先的に応えようとしないとき、発話の冒頭に置かれる典型的な前置きサインである。(12) すでにふれたように、隣接ペアを形成する作業は、やりとりの参加者にとって強い規範力をもつ。その意味で、一〇番目のS2の発話はTが応答することを想定し、もう一度Tに向けられているようにも見えるのだが、結果的にこの発話に応えるのはS3、さらにS4であった。ここでS3、S4が呼応することで、TはS2の発話に対して隣接ペアを形成する作業から離脱し、授業を再開することが出来ている（一三番目の発話）。

このように、授業場面の諸局面での隣接ペアは、局所的には教師—生徒の一対一の関係構造が見られたとしても、それはクラス集団のメンバーに開かれた、やりとりへの出入りがオープンな構造であり、話題の移行や脱線などの局面において、教師と直接やりとりしていない個々の生徒もまた、そのやりとりの聞き手なのである。そのやりとりの参与地位という点では、直接話しかけられていない聞き手ではあるが、いつでも話しかけられうる、あるいは応え始められる地位にあり、つまりは隣接ペアの担い手になりうるわけである。[13] この事例の教師は、そうした構造のなかで巧みに授業を再開していった。生徒の経験も、そうした構造のなかに投げ出されるように象《かたど》れていく。「期末考査に関しては以上です。」にはじまる教授=学習過程を志向する文脈によって、枠づけられ、九番目の発話後半、S5が教科書を開くように注意されていることから逆照射されるように、このときすでに大方の生徒もまた教授=学習過程を志向する構えをつくりつつある。S2の〝自分の苦しい立場〟や〝思い〟という心の表明は、授業のやりとりのこうした構造的基盤の中で枠づけられ、経験されることになるのである。

4 「悩み相談」のなかの心——保健室で見えてくる生徒の経験と心

次に見ていくのは保健室での養護教諭と生徒のやりとりである。周知のとおり〝「心の居場所」としての保健室〟という見方も定着し、養護教諭は、「心の問題」を早期に発見し対応できる存在として注目、期待されてきた。

では、保健室のやりとりはどのような制度的特徴をもつのだろうか、また、養護教諭とのやりとりのなかで、生徒の心はどのように扱われていくのだろうか。授業場面と異なり、保健室でのやりとりの構造は一般教諭にもあまり知られていない。その意味でここではその基本的プロセスを含め、若干詳しく検討していきたい(14)。

基本的に養護教諭と保健室に来室する生徒のやりとりは、おおよそ図3に示したような一連のプロセスをたどっていく。

図3にみるように、大枠において保健室のやりとりは、問診、診断・処置というプロセスを含んでおり、生徒の身体的トラブルに対処するように医療的な枠組によって構成されている。くわえてそのプロセスには、付き添いの生徒か来室生徒本人(図中※aまたは※bの時点)が来室記録をつける作業(=用紙記入活動)(15)が組み込まれている。

まずは事例2と事例3でやりとりが開始する場面をみていきたいと思う。なお事例2は、途中から悩み相談に発展していくやりとりである。

生徒が来室したとき、養護教諭(=N)はまず最初に「どしたー?」と問いかける。事例2では、2Nで「あーら、どしたー(ん)あー」というように、事例3では、付き添いの生徒Jの発話が最初に来ているものの、Nの最初の発話「どした?」(2N)は、具合の悪い当人Lに対する直接の問いかけとなっている。

この「どしたー?」という発話は、Nがやりとりの相手の生徒を、なんらかの問題を抱えた人物

図3　保健室における養護教諭と来室生徒の一連のやりとり

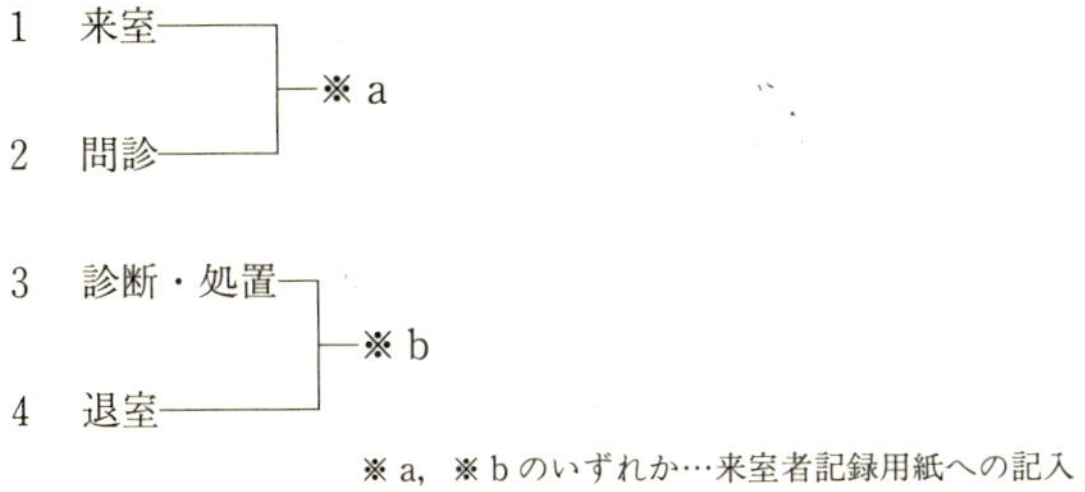

として見ていること、N自身がそうした生徒に応対する人物であることを自らの発話で示している。

生徒の側の最初の発話はどうだろうか。事例2では、KはNの問いかけに、「なんかー頭いたい…」(5K)と自らの身体上のトラブルを話しており、事例3では、Lは「ちょっとふらふらするんですけど」(3L)と小さな声で応えている。事例2で、Nは「なーんか、今日最悪の顔してらっしゃいますねぇー」と、内容的にみてその生徒の身体の状態に関連した応答をしている。

ここに保健室でのやりとりの制度的特徴が示されている。つまり、保健室でのやりとりでは、生徒が来室した瞬間から、生徒の身体的トラブルに対処するように〝双方の〟構えを示し合い確認し合うように方向づけられ、問診、診断・処置へと至るやりとりの実質的なプロセスが始められている。日常会話のやりとりが始まる時点に通常みられるような、挨拶を交わし合うやりとりは、やりとりがはじまる時点では省略されているのだ。すでに述べたように、事例2は、途中から〝悩み相談〟に展開するやりとりだが、やりとり開始時点における養護教諭と生徒双方の構えに、通常の身体的トラブ

事例2　生徒の保健室来室場面（N：養護教諭，K：生徒）

1K：		((ドアをあけ来室))失礼します。
2N：	→	あーら，どしたー(ん)あー((執務机で仕事をしながら一瞬入り口の方をみたのと同時に))。
3K：		んとね，あれ。
4N：		んー((執務机で仕事をしながら))。
5K：		なんかー頭いたい(　　　)。
6N：		なーんか，今日最悪の顔してらっしゃいますねぇー。

(　)：聴きとれない箇所

ルでの来室時との違いはみられない。

以上のことをふまえ、次に悩みが打ち明けられる場面をみていきたい。事例4は事例2に続くNとKのやりとりの場面である。来室生徒Kの悩みは、身体的トラブルに対処するように方向づけられたやりとりのなかで、どのように表出し展開していくのだろうか。

すでに見てきたように、この来室でもはじめの時点では、NとKの双方がKの身体のトラブルへの志向を示し合っている。ここで抜き出した場面でも、Nは「頭が痛いー…朝からなのー？」(10N)というふうに、Kの身体的トラブルに関して尋ねている。さらに「忙しくなったっていうのは？」(12N)でNは、11Kの応答を受けて、身体的トラブルの原因をより詳しく尋ねている。ここで注目したいのは、12Nの問いかけのあと生じている三秒の沈黙である。三秒間というのは、実際手元の時計ではかってみればわかるように、決して短い時間ではないように思う。NはKの答えを待っているのだ。そのことは、やりとりを構造化していく隣接ペアの規範的性質からも説明できる。質問者であるNは、この三秒間の沈黙が生じている位置に、身体的トラブルの原因を説明するKの応答を期待してよいはずであ

事例3　生徒の保健室来室場面

（J：付き添い，L：具合の悪い当人。来室時，入口の扉は開いていた）

1J：		あっ，あ，N先生ー//きゅ，急に気分悪い。
2N：	→	//ん？どした？((Lに対して))。
3L：		ちょっとふらふらするんですけど。
4N：	→	はいはいはいはい，ちょっと座んなさい。向こうに名前書いてあげて。はいっ，どした？今？急に？

//：上下の発話が同時にはじまっている

る。とすれば、ここでKは答えるのに躊躇しているのではないかとも考えられるのである。また、この沈黙を経てNが次の発話(13N)をおこなうやり方のなかにも示されている。13N「水泳じゃなくて？」は、12Nの問いかけをやり直すものである。しかもNは、ここで単に質問をくり返すのではなく、やり方を変えて質問をくり返しているのである。これは、Kが答えるべきことがらのなかに、何らかの答えにくい要素が含まれていることを、Nが理解していることを示している。ここでNは、Kの言う〝最近忙しかった〟理由(11K)についてKが躊躇している中味に関連しそうな手持ちの知識——水泳部の選手として、日々忙しい生活を送っていること——を用い、誘い水を向けるようにして尋ねている。そうすることでKが答えやすくなる環境づくりをしているのだ。

これを受けて、Kは最近の生活について語りはじめているが、そのなかで「んープールの方は別に平気なんだけどー、塾とかあったりしてー」(14K)、「休んだりしてんだけどテスト前んなっちゃったりしたから(　)んだけどー」(16K)というふうに、悩みが語られていく。

このときNは、Kの語りをどのようなものとして聞いているのだろ

事例4　悩みが打ち明けられる場面

7K：		さえない(　　　)。
8N：		はい？
9K：		頭が痛いー。
10N：	→	頭が痛いー何か今日はそういうタイプの人が多いですねー三年生どうしちゃったんだー。
	→	(いまひとり寝てるけどー)。そこ座って。んー，朝からなのー？
11K：		んー最近(ずっと)だるかったのーちょっと忙しくなってーあんま寝なく(　　)なってー。
12N：		忙しくなったっていうのは？
((3秒沈黙))		
13N：	→	水泳じゃなくて？
14K：		んープールの方は別に平気なんだけどー，塾とかあったりしてー。
15N：		あー。
16K：		休んだりしてんだけどテスト前んなっちゃったりしたから(　　)//んだけどー*。
17N：		//ふーん*。
		ふーんあっそーふーん(　　)でー，最近ちょっと睡眠不足ー？あんま寝てない？((机から立ちKの方へ歩き出す))
	→	なんかーまたーなんかーだるいみたいだよー以前にもちょっとあったけどー。
18K：		んでねー。
19N：		((Kの目の前に到着))ふん，どした？
20K：		アメリカに行くのがねー，決まってー((中略))でーそれがうれしいから練習がんばってー。
21N：	→	だいじょぶかっ((Kの膝を軽くたたく))前にも，ちょいとスランプだったよなっ。

(　)：聴きとれない箇所，＊：小声で話されている箇所，//：上下の発話が同時にはじまっている

うか。少なくとも、単に問診に答えているものとしては聞いていない。Kがここで語っている内容を明確にし、輪郭づけるようにしている。まず17Nで「以前にもちょっとあったけどー」と語る。18Kの「んでねー」以降、Kがみずから進んでより踏み込んでプライベートを語り出すと、さらにNは「前にも、ちょいとスランプだったよなっ」(21N)というふうに語っている。つまりNは、Kに関して蓄えていた知識に結び付け、Kの語りにふくまれている悩みを理解し、輪郭づけているのだ。このように、身体的トラブルに対処するように方向づけられた問診のプロセスは、個人的な悩みごとへやりとりの参加者双方が志向するものへと変わっていく――いわば、やりとりは〃身体処置モード〃から〃相談モード〃へとスイッチしていくのである。

一般に、養護教諭は保健室で生徒の身体的トラブルに応対していくとき、問診のプロセスで、生徒のプライベートにかかわる諸々の話を聞く機会が多い。たとえば、いつから痛くなったのか、どこで擦りむいたのか、等々を詳しく尋ねるのである。こうして養護教諭は日頃から生徒の来室をとおして生徒にかかわるさまざまな知識を蓄えていく。そうした知識は、事例4の場合では、結果的に悩みが語り出されるきっかけを用意した13N、さらにその後生徒の語りのなかに含まれていた悩み(生活上の問題点)を輪郭づけていった17N、21Nで用いられている。

このようにみていくと、保健室で生徒の悩みが語られる〃相談モード〃のやりとりでは、相談にのるための何か特別な知識や技術が用いられているというよりも、むしろ〃身体処置モード〃として進行していくやりとりの構造に枠づけられ、そのなかで展開していくことがわかるであろう。それは〝保健室における日常的なやりとりの構造〟に埋め込まれたものなのだということ、〝身体処置モード〟と〝相談モード〟のスイッチが保健室でのやりとりの流れ自体に組み込まれていることがわかるはずだ。養護教諭がいち早く生徒の心の問題を発見できる、として注目されたのは、保健室でのやりとりがこうした制度的特徴を備えていたことに由来しているのだと考えられよう。

5　日々の実践の仕組みとカウンセリングマインド

以上、授業におけるやりとりと、保健室における身体的トラブルに対応する際のやりとりは、それぞれ制度的に特徴づけられた異なる構造と質をもつ経験を生み出していることが明らかになった。そのなかで、前者の場合、立場や思いといった心の表明が授業再開を志向する流れのなかに包摂されていく経験を、後者の場合、個人的な悩みごとが身体的トラブルに対処するやりとりの一連の流れのなかで明らかにされるという経験をそれぞれ生徒にもたらしている。いずれの場合も、社会化の途上にある子どもたちにとっては意味のある経験の枠づけられ方のようにも思う。さて、これまで検討してきたそれぞれの特徴は、教師の仕事を考えるにあたって、わたしたちにどのようなことを示唆しているのであろうか。

冒頭でもふれたように、今後それぞれの教師には、「子どもの悩みを受け止められる」ことが要請されていくことになる。これは教育改革のプログラムのなかでも、教師の資質改善という社会的要請と相まって、最も重要な課題のひとつとして具体的施策が工夫され実施されていくだろう。[16]しかしその一方で、かえって子どもたちの心とどう向き合えばよいのかに悩む教師がいるのではないか。ただ、そうしたとき、日々の実践のなかで教師が子どもとのやりとりを通じて、どのように子どもの経験を編成しているのか、どのように〝子どもの心〟に向き合い対応しているのか、実践場面における制度的特徴、あるいはその構造、メカニズムといったことを理解しておくのとそうでないのとでは、教師の構えに違いが出てくるであろう。教師が子どもの心への対応に悩むとき、それが教師個人の資質に起因するものなのか、あるいはそれが実践のなかで子どもたちとのやりとりを組み立てていく制度的なメカニズムに制約されてのことなのか、このことを判断できるか否かということである。子どもの悩みと正面から取り組んでいくこと、心の問題の萌芽的要因にいちはやく気づくこと、これらの重要性を否定することはできない。いつどんな場面で、子どもの心の問題の芽と向き合うことになるのか、予測することは容易ではない。しかも、いつでもどんな場面でもそのような要請を引き受けようとすることは、本章の事例1にも見られるように、実践場面での制度的特徴と相いれないときがあるかもしれないのである。その上、皮肉なことに、一般教諭の場合、子どもとまとまった時間向き合えるのは、授業時間だけということにもなりかねない。教師の一日の仕事の密度を調べた研究[17]では、子どもたちにとっては自由時間であるはずの休み時間に集中しており、公式、非公式のさまざまなレベルの仕事がたえず複線的に、細切れに続いていくことが明らかにされている。ちょっとした空き時間、休み時間にほんの少しでも触れ合いの時間が持てるのではないか、こう考えることもできるかもしれないが、そこで心のフォローアップが充分にできるかどうか、はなはだ心もとないのが現状である。やはり〃心の専門家〃であるカウンセラーの常駐が大きな意味をもつことになるのだろうか――。

ある勤務先(非常勤)の大学で「教育社会学」(第二文学部)の受講者に幼稚園の教諭の方がいて、講義の感想として次のような話を書いてくれた。

……隣のクラスの先生が、そのクラスの子どもの母親と面接の際、何だか自分がカウンセリングされているみたいだと思ったら……心療内科の先生だったそうです。(自分の話が)「なるほど……」とずっと聴かれていた……と言っていました……(原文のまま、( )内は秋葉の補足)

当の幼稚園教諭は、この面接の経験を同僚に打ち明けたくなるくらい、妙な後味の悪さを感じとったのかもしれない。

すでにふれたことだが、いま心の問題への対応といえば、条件反射的にカウンセリングと結びつけられて議論される傾向にある。一般教諭にも、養護教諭にも、カウンセリングマインドを身に付けるよう推奨される。しかし別稿で西阪のカウンセリング場面のやりとりの分析を引きつつ検討したことでもあるのだが、カウンセラーとのやりとりは、クライアントとしてははっきりとした動機づけがないのであれば、そしてそれがカウンセリング場面でのやりとりとして行われるのでなければ、かえって奇妙な経験として、件の幼稚園教諭のように後味の悪い思いが残ることすらあるような特徴をもっている。日々の学校生活のさまざまな場面で〃心〃を垣間みせる子どもが、かならずしも常に悩みで凝り固まった心のなかに閉じこもっているわけでもない。逆説的な言い方ではあるかもしれないが、そのことがカウンセラーにとって、またカウンセリングマインドを備えなければならないのではと躍起になっている教師たちにとって、かえってやっかいな問題になるかもしれない。そもそもカウンセリングマインドとは、「カウンセラーの心得」という意味の造語[20]であり、それならばカウンセリングの場やその技法と密接に結びついたものであろう。カウンセリングマインドを身につけ、子どもの心の問題に向き合おうとすることが、カウンセラー以外のすべての教師にとって意味があるのかどうか、そこには疑問の余地があるということも念頭に置く必要があるのではないだろうか。

（執筆にあたり、「教育社会学交流セミナー」（於九州大学）、および「教育問題研究会」と「新たな質的探求研究会」の合同研究会（於立教大学）で貴重なコメントをいただきました。記して感謝します。）

注

（1）文部省のホームページ(http://www.monbu.go.jp/)にも改革スケジュールの概略が具体的に整理されており、いつでも簡単にアクセスできるようになっている。

（2）西阪　仰「心の透明性と不透明性――相互行為分析の射程――」『社会学評論』182 Vol. 46-2, 2-17, 14-15.

（3）こうした考え方は、〝心〟にまつわるさまざまな学問領域のなかでも、社会学的な考え方、しかもエスノメソドロジーという比較的新しい領域の考え方に属するものだが、近年では、心理学の領域でも、同様の考え方をとる研究も登場してきている（佐伯胖・宮崎清孝・佐藤学・石黒広昭『心理学と教育の間で』東京大学出版会、一九九八年）。

（4） Berger, P. L. & T. Luckman (1966)＝山口節郎訳（一九七七）『日常世界の構成』新曜社、二五八頁（訳文は原著に基づき若干変更した）。

（5） 佐伯ほか、前掲書。

（6） 夏秋英房「学級における言語的相互作用研究の視点と方法について（ノート［1］）」『上智教育学研究』一九八五年、一〇号。

（7） 秋葉昌樹「エスノメソドロジーと教育研究」『東京大学大学院教育学研究科紀要』一九九五年、三五号。
秋葉昌樹「エスノメソドロジー類型学と『教育の臨床エスノメソドロジー』の可能性」『現代社会理論研究』一九九六年、六号。
Drew, P. & J. Heritage (1992) 'Analyzing talk at work : an introduction.' in P. Drew & J. Heritage (eds.), *Talk at Work* : 3-65. Cambridge University Press.
Heritage, J. & D. Greatbatch (1991) 'On the institutional character of institutional talk : the case of news interviews, in D. Boden & D. H. Zimmerman (eds.), *Talk and Social Structure* : 93-137. Polity Press.

（8） Sacks, H. & E. Schegloff & G. Jefferson (1974) A Simplest Systematics for the Organization of Turntaking in Conversation. *Language 50*, 696-735.
Schegloff, E. &H. Sacks (1972)「会話はどのように終了されるのか」『日常性の解剖学』一九八九年。

（9） Goffman, E. (1981) *'Footing.' in Forms of Talk*. pp. 124-157.

（10） Mehan, H.(1979) *Learning lessons : social organization in the classroom*, Harvard Univ. Press.
佐藤　学『教育方法学』岩波書店、一九九六年。
山村賢明「解釈的パラダイムと教育研究——エスノメソドロジーを中心にして——」『教育社会学研究』

一九八二年、三七号。

(11) 秋葉昌樹「脱線・中断・再開にみる授業の秩序化と生徒の経験――Applied ethnomethodology の試み」『立教大学教育学科研究年報』一九九六年、三九号。

(12) 山田富秋・好井裕明『排除と差別のエスノメソドロジー』新曜社、一九九一年、一〇三頁。

(13) こうした構造的特徴は、教授学的構造が保たれている場面においても同様のことである。

(14) 秋葉昌樹「制度的場面として見た『保健室の相談』」志水宏吉編『教育のエスノグラフィー』嵯峨野書院、一九九八年。

秋葉昌樹「保健室のエスノメソドロジー」好井裕明・山田富秋・西阪仰編『会話分析への招待』世界思想社、一九九九年。

(15) 秋葉昌樹「保健室における『相談』のエスノメソドロジー的研究」『教育社会学研究』一九九五年、五七号。

(16) 油布佐和子編『教師の現在・教職の未来――あすの教師像を模索する』教育出版、一九九九年。

(17) 藤田英典・油布佐和子・酒井朗・秋葉昌樹「教師の仕事と教師文化に関するエスノグラフィ的研究――その研究枠組と若干の実証的考察――」『東京大学大学院教育学研究科紀要』一九九五年、三五号。

(18) 注(14)を参照のこと。

(19) 西阪　仰「心理療法の社会秩序Ⅰ――セラピーはいかにしてセラピーとして作りあげられていくか――」『明治学院大学社会学部附属研究所年報』一九九〇年、二〇号。

西阪　仰「相互行為のなかの非対象性」井上俊・上野千鶴子・大澤真幸・見田宗介・吉見俊哉編『権力と支配の社会学』岩波講座・現代社会学第16巻、一九九六年。

(20) 酒井　朗「『児童生徒理解は心の理解でなければならない』――戦後日本における指導観の変容とカウンセリング・マインド」今津孝次郎・樋田大二郎編『教育言説をどう読むか――教育を語ることばのしくみとはたらき』新曜社、一九九七年。

第II部　変化の時代と教師

第6章　「制度改革」のなかの教師
――教育の専門性・公共性・臨床性の確立に向けて

越智康詞

1　はじめに

いじめ、不登校、校内暴力、学級崩壊など、近年、学校現場では深刻な病理現象が生じ、世間の注目を集めている。そして、こうした病理現象が話題になるたび、教師の力量不足や自覚の欠如が問題にされてきた。これが教職改革を促すひとつの大きな動機づけとなっている。だが、われわれは、こうした教育の病理現象の背後において、教師の多忙化が深刻化し、燃えつき現象など心身上のトラブル、教職への不適合を理由にした退職者が増加しているという事実にも目を向ける必要がある。重要なことは、このふたつの現実を相互に無関係のものとしてではなく、深く関連した一連の問題として受け止めることである。そうすれば、現在の学校の病理現象は、もはや教師の個人的能力の欠如を示すものとしてではなく、現在の教育組織・制度・システムのあり方自体に警鐘を鳴らすシグナルとしてみえてくるだろう(1)。

ところで現在、日本ではこれまでの教育システムのあり方をトータルに見直そうとする、大きな改革が進行中である。この改革は、これまで国家による強いコントロールのもと、教育の効率性と平等性を推進してきた教育行政の方針を根底から覆し、教育への官僚制的統制を緩め、自由、個性、多様性に向けて教育のあり方を大きくシフトさせようというきわめてラディカルなものである。だが、このような改革のなかにおいても、教師の問題となると、その問題としての取り上げ方、扱い方には旧態依然たるものがある。教育の場において問題はもっぱら子どもの問題であり、一労働者としての教師の苦しみや葛藤が主題化されることはほとんどない。また、教育問題の解決法についても、結局、教師に関しては、実践的指導力、精神力を鍛えること、といった規範化された議論に終始し、教育の場の現実に根ざしたきめ細かな観察もなければ、教師が職務を遂行するうえでの制度的・構造的条件についての分析・提言はほとんどない。ましてや、教職の制度的条件を、そもそも教育の目的・意義とは何であり、誰がどのような論理にもとづいて教育を統制するのが望ましいか、といった公教育を考えるうえで最も基本的な問題と関連づけて問われることはほとんど皆無であるといってもよい(2)。

本章の課題は、教師の仕事＝ワークを「制度(改革)」レベルにおいて構想するための先鞭をつけることにある。だが、その前にわれわれが暗黙に囚われている教師論の構造を理解し、そのねじれを解くことからはじめる必要がある。さもなくば、せっかくの教職の制度論的構想も常識的・規範的な解釈コードに取り込まれ、骨抜きにされてしまうからである。本章の後半部分では、教職を制度論的に変革する方向を探る。ここでは、教師＝専門職論の制度的・構造的意義について述べた後、その閉鎖性・独占性を乗り越える方途として、公共的＝市民的統制や臨床的視点の意義と可能性について述べる。ただし、後半部分はあくまでひとつの試論であることを断っておく。

2　教師論の言説構造とその機能

人間主義的・規範的教職観

日本における教師論の第一の特徴は、それが過度に規範化され人間化された言葉で語られる傾向が強いことである。そこで問われるのは「教師とは誰か（どのような人間であるべきか）」であって、「教師の仕事＝ワークとは何か」ではない。

さて、こうした人間主義的・精神主義的な教職観（聖職論）といえば、戦前の国家主義的価値体系に支えられた師範型の教師（教師＝聖職論）をイメージしやすい。教師は国家（教育）に全身全霊を挙げて献身する自分自身の欲望をもたない聖人とされ、民衆は教師を彼が教師であるがゆえに敬意をあらわした。貧乏でありつつも自尊心は高い、というのが教師の一般的な姿であった。国家主義が民主主義に置き換えられた戦後においても、しばらくの間は学校信仰や集団主義的な文化がこうした教職観を支えてきた。

しかしながら、近年ではこうした伝統的な教師＝聖職論はひどく評判が悪い。その理由としては、その奉仕する対象が国家や社会・集団であり、子どもの人間としての存在を軽視したものであること、地位と人格を混同し、中身もないのに空威張りする「権威主義的パーソナリティ」を生み出しやすいものであること、などがあげられる。そして、われわれは、こうした聖職神話から、もはや自由になったと考えている。

しかし、いくら伝統的な教師＝聖職論との差異を主張しても、現代社会一般に流布している教師観も、広い意味での教師＝聖職論であることに変わりはない。それというのも、ここに求められる教師も自分自身を犠牲にして聖なる対象としての子どもに全身全霊を挙げて奉仕することが期待された存在であるからである。ここでは、これを新しい教師＝聖職論と呼ぼう。

ところで、この新しい教師＝聖職論にはふたつの特徴がある。一つは、教師は教師であるがゆえに権威が認められるのではなく、その人間的資質が教師にふさわしいか否かによって評価を受ける存在となった点。二つは、教師は大人社会を代表し、子どもの上に君臨する権威的存在ではなくなり、ひたすら子どもに尽くしつつも上には立たない母親もしくは友人のような存在となった点である。

伝統的な教師＝聖職論が集団や組織の権威的構造を正統化し、これに依存する存在だったのに対し、新しい教師＝聖職論は、一見ラディカルに制度の矛盾を問題化する「批判的視点」として機能するかにみえる。この理念は、教師の権力性（権威主義的態度）に強い疑いの目を向け、役割に囚われた官僚制的職員の形式主義的な態度を厳しく批判するからである。しかし、実のところこの種の教師批判は、教師の置かれた制度的・構造的条件への問いを無効にし、かえって現状維持的で保守的な機能をもつことになる。それというのも、ここで関心が向けられるのは、子どものために、制度的・形式的な規則・拘束を破ってでも「体を張ることのできる」ヒーローの人間的魅力に対してであり、「教師が官僚制的職員として位置づけられてあることにより、どのような問題が生じるのか」といった制度的構造の矛盾や問題に対してではないからである(3)。

もちろん、教師＝聖職論は、教師と生徒の間で物語として共有されることで、生徒の学校に対する積極的な関与を引き出すとともに教師のモラールを支え、制度的にはけっして恵まれているとはいえない厳しい条件のもとにありながらも、学校をスムースに、そして人間的に機能させるうえで大きな力を果たしてきた。この点を過小評価すべきではないだろう。だが、教師に無限の期待をかぶせることで学校の構造上の矛盾を隠蔽＝先送りするこの方法は、それ自体が望ましくないものであるばかりでなく、今や新たな問題現象の要因ともなり始めているのである。

現実主義・現場主義的教職論

規範化された教師＝聖職論の伝統に対し、日本では学校現場を中心に、教師のあり方をより現場の現実に即して描く教職論の伝統もある。これを現場主義・現実主義的教職論と名づけよう。現場で問われるのは、即座に答えを出す「実践的指導力」である。答えが出ないならば、どのような理想を述べようとも無意味である。このような現実主義的な立場からすると、新しい教師＝聖職論は理想主義的な「空論」に過ぎず、無責任な言説に映る。現実主義・現場主義の言説は次のように主張する。すなわち、教師も所詮、ひとりの人間であり、すべての責任を背負い込むことのできる聖人ではない。そもそも教師＝聖職論による世間のゆがんだ期待が、生徒たちを甘やかすことでこれを増長させ、学校の秩序を混乱させる元凶となっているのだ、と。

こうしたストーリーは、通常、本音と建前を対立させるなかでの本音の議論として現場を中心に「密かに」語られてきた。「密かに」語られる理由は、教育の領域においては「理想主義的な言説」は一種のタブーとなるからだ。現場主義、現実主義的言説は敢えてこのタブーに挑戦する言説として登場してきた。ここには、大きく分けて二つのタイプがある。一つは、これまで神格化されてきた奥義＝人格能力を、誰もが使える「技術」として取り出し、教師による問題解決能力を現実的に向上させようとする「法則化運動」に代表されるようなタイプの議論[4]。もう一つは、子どもの神聖化を通して教師の権威を解体する新しい教師＝聖職論の問題点を徹底的に批判し、教師の権威の回復と子どもへの厳しい管理（制御技術）の必要性を説く「プロ教師の会」を中心に展開される言説群である[5]。

たしかに、これらの言説は、美しい理想を言葉のうえだけで説き、現場のリアルな現実を否認する理想主義的言説の虚偽性・欺瞞性を暴き、さらには、そうした無責任な理想のもつ逆機能性を見事にえぐり出すことに貢献した。たとえば、この立場の言説は、子どもの「人権」の名のもとに、見事なまでに教師の「人権」の侵害をおこない、教師への人間主義的な批判を通してひたすら象徴的＝空想的に問題を解決しようとする新しい教師＝聖職論のおめでたさおよび無責任さを浮き彫りにしたのである。だが、理想主義的空論を排し物事をより現実的に思考しよう、という呼びかけには罠もある。なぜなら、ここでいわれる「現実」とは、学校教育制度の現状あるいは教師の職場の構造的条件の現状を前提にしたうえで組み立てられた狭い枠のなかの「現実」に過ぎないからである。

この罠について理解するためには、少なくともわれわれは次の差異に敏感な感性をもつ必要がある。その差異とは、学校という組織・制度・システムの秩序が安定し、業務が滞りなく進行し、そこに「問題」が表面化しないという形式上の目的と、学校において教育が教育の内在的論理にもとづき理念通り実行されることにより達成されるはずの公式目標との間にある、あの差異(隔たり)である。現実主義・現場主義的教職論が重視する「実践的指導力」とは、第一義的には、前者の形式上の目的に仕える能力、すなわち学校組織・制度・システムの維持・管理・効率化を担う門番としての職務遂行能力であり、必ずしも教育をその理念に沿って実現する専門的能力ではないのである。だが、この二つの能力の間の「隔たり」のもつ意味と問題性について充分な自覚を得るには、「教育の営みの特性」と、教師がその職務を遂行する構造条件(学校組織や教育制度の構造)についてしっかりと理解しておく必要がある。

まず、ここで注目すべき「教育の営みの特性」とは、次の二点である。すなわち(1)教育は、知識の伝達という一つの試みにおいてさえも、認知的・文化的次元、政治的・社会的次元、倫理的・実存的次元という多様な次元に関連した複合的な営みとして生じるものであり、さらに(2)教育は、意図(目的＝手段図式)を越えて、知識の伝達形式や学校の生活形式といったプロセスを通して進行することをその本質とする全体的な営みである、という特性である。いわゆる「隠れたカリキュラム」は、教育という営みに内属する本質的な要素なのである。

では、教育の営みを構成する上で重要な意味をもつ知識の伝達形式や生活形式は、日本の学校の場合、どのような特徴をもつものとして構成されているのか。ここで指摘しておきたいのは、学校という場の「生活形式」に関連する次の組織的現実である。すなわち、学校は大勢の生徒を、その生活の全体にわたって管理するトータルな組織であり、そのなかで教育がいわば大量生産方式で進行している、という現実である。こうした現実は、たとえば教師＝生徒関係を次のような仕方で枠づけることになる。一方で教師を、子どもが問題を起こさないよう保護・監督する学校秩序の門番としての立場に置き、他方で、子どもをその操作対象の位置に置く、というようにである。校門で「スカートの襞を数える」といった服装チェックから従順さを尺度とした子どもの序列づけに至るまで、現場において生じる教師のワークの多くは、教育的な熟考を通してというよりも、学校神話を維持しつつ大量の生徒を一斉に処理するという組織的要請から生じてきたものなのである。そして、こうした教師の組織的要請にともなう活動は子どもの意識と身体を組織的・集団的活動に適合させる暗黙の働きかけを産出するが、こうした働きかけは、子どもの人権や尊厳を侵害するばかりでなく、子ども相互の協同的な人間関係を壊し、その自主性・主体性・創造性を破壊する「隠れたカリキュラム」としての効果をともなっているのである。特別活動や総合学習において子どもの自律性・主体性を育てようとしても、ほとんど効果があがらないのはこのためである(6)。

もしも教師が子どもの教育(作用)に直接責任をもつべき存在であるならば、こうした「隔たり」に対する問題意識をもち、これに敏感であろうとすることは決定的に重要である。ところが、現実主義的・現場主義的言説は、「それが現実である」という暴力的なメッセージとともに、日々の職務遂行過程にはどのような意味や問題が含まれているのか、そこに生じる問題をどう乗り越えていけばよいのか、といったことに対する反省や議論の可能性をあらかじめ塞いでしまうのだ。ここには決して「学校制度の罪状」に対する自覚も、制度変革に向けた努力も生じようがないのである。

3　教職の制度改革に向けて

現在、自由化、個性化、多様化を旗印にした第三の教育改革が進行中であることは、冒頭でも述べたとおりである。改革の機運が高まるなか、官僚制的な統制、効率と平等の過度の追求、学校機能の肥大化・画一化が、教育の病理現象の要因となっていることが認識されるようになった。だが、ここで求められる代案は単純である。詰め込みすぎたからゆとり（内容の削減）を、強制的・画一的すぎたから自由な選択を、学校機能が肥大化しすぎたから学校のスリム化を、という対立的な主張がなされ、二者択一（矛盾）を乗り越える第三の視点（問題の質的検討）はほとんどないのである。

もちろん、過剰な国家統制の見直しは、新しい学校づくりへの可能性を拓く途への第一歩であり、それ自体は否定すべきことではない。だが、基本的な制度的構造を変えないまま単純に市場の原理（選択の自由と自由競争）を導入することは、学校の多様性・創造性を生み出すよりも、学校＝学歴システムによる教育の支配をより一層押し進めることになる可能性が高い。なぜなら、現在の学校＝学歴システムの現状を前提とする限り、選択する自由を与えられた消費者は、より高い学歴の獲得にできるだけ有利な商品を選択する公算が高いからである。

ある意味で、自由化イデオロギー、あるいは国家統制か市場統制かという対立の構図それ自体、相対評価と競争から構成されるシステムによる教育支配という現実から目をそらす隠蔽装置となっている。重要なことは、こうしたシステム支配に抵抗しうる、そこにきちんとした反省作用を加えうる第三の教育統制の原理を確立すること、すなわち、教育の内在的な価値（理念、理論）を守り、教育への民衆の主体的な参加（公共圏の確立）と教育の公共性を確保する仕組みを構築することにある。

教職の制度改革、とくに政治的視点および臨床的視点を通して再構成された教職の専門性の確立は、こうした可能性の実現に向けての第一歩となるであろう。もちろん、既存の専門職制度を単純に教育に適応することには、現実的にも原理的にも問題がある。とはいえ、日本の教師の置かれた制度的立場の問題性を打開するには、まずは専門職制度の基本構造をしっかり理解することから出発し、後でこれに必要な変更を加えるという手続きを取るほうがより現実的であろう。

教師＝専門職論の基本構造とその制度的意義

教師＝専門職論は古いテーマであり、その必要性および問題点はすでにさまざまな立場から論議されてきた(7)。だが、教師＝専門職論がきちんと制度的に理解されてきたとはいいがたい。実際、教師＝専門職論は、専門知識・技術の獲得により現場での実践能力を高めるといった現実主義・現場主義の観点へと矮小化されて理解されるか、クライアントへの「責任」を奉仕の「精神」として人格化してとらえる教師＝聖職論の観点から歪めて理解されることが多かった(8)。

では、専門職制度を、どのような意義や目的をもつ制度として理解＝構想する必要があるのか。まず、わたしは、この制度を「誰が、どのような論理で、当該のサービスを統制するか」といったサービス内容の判断・決定を取り仕切るひとつの統制原理として理解することが必要であると主張したい。こうした観点から専門職制度の基本的特徴を捉えると、次の二点が浮き彫りになる。すなわち(1)クライアントに直接対面し、現実に職務を担当する実践家に、クライアントのサービスの内容と方法の判断・決定における幅広い自律性・権限と責任が与えられている。(2)専門家の職務遂行を統制するのは、高度な専門的知識・技術および専門職倫理である、という二点である。したがって、教師がどれほど高度な専門技術を身につけようとも、それが学校の職員として規定された職務遂行にかかわる「補助能力」に過ぎないならば、それは教職の専門職化とは何の関係もないことであり、また、教師がどれほどサービス内容の選択・決定における自律性と責任を与えられていようとも、それが専門能力・倫理のコントロールを受けない主観的・恣意的なものならば、これも専門職とはいえないのである。

では、こうした専門職制度の構造にはどのような意義があるのか。そこには、専門知識や倫理にもとづいたクライアント本位のサービスをおこない、そのサービスにとって「外在的な論理」から、クライアントを守る仕組みとしての意義がある。教育の場合、クライアントの利益や権利を損なう「外在的な論理」としては、次のようなものをあげることができる。(1)国家による支配。国家統制の下にある教育は、どうしてもその時代・社会の政治状況や多数派(力をもった社会集団)に左右されやすい。また、国家利益(経済発展など)が教育を通して達成されるはずの市民の利益(正義の実現)を阻害する場合もある。(2)官僚制・組織による支配。官僚制的な形式のもとで子どもは、「クライアント」というよりも「対象者」の位置に置かれ、組織活動の合理化・形式化や成員利害の犠牲となりやすい。(3)市場・システムによる支配。見かけ上、消費者の自由を最大限尊重する市場も、資本＝商品の論理が消費者の欲望を操作・創出し、これを呑み込んでしまう可能性が高い。(4)実践家の主観(権力欲、先入観、自己満足など)による支配。伝統的な意味での聖職＝教師は、その人格的高潔さを理由に、子どもに対する大幅な権力＝自由裁量権が認められていた。だが、「人格的高潔さ」は、これを認証する「視点」そのものが曖昧で、その独善性を反省＝チェックすることが難しい。また、教師権力の人間化は、教師の権力範囲を無際限に拡大する（人格支配）。

もちろん、後述するように、専門職制度においても、専門家や専門職集団による専門知識（の独占）を通したクライアントの支配、という問題が発生するおそれがある。だが、さしあたってここでは専門職の権威・権力は、職務遂行に限定された権威・権力であり、しかも、その職務を統制する原理（専門知識や技術）は観察＝チェック可能で、専門家の個人支配は、専門家集団内での相互監視を通して規制されるよう工夫がなされている、という点だけ指摘しておく。

ところで、ここで専門職における「クライアント本意」という立場は、俗に「子どものため」といわれるものとしっかり区別したうえでこれを理解しておく必要がある。たとえば、教師＝聖職論の文脈では、「子どものため」というと、実践家が、どれだけ（心のなかで）子どものためを思い、その教育に熱意をもって当たったかという「心情倫理」的な面からイメージされやすい。つまり、ここでは「具体的なサービス内容やその帰結」よりも「心のもちよう」に視線が向けられる構造が存在するため、意図さえ前向きであれば、無知や無能力による「失敗」には甘く、また、善意の押しつけやパターナリスティックな支配を生じやすい。そして、こうした「独善性（善意の押しつけ）」に批判的な論者は極端な自由主義や自己責任の原則を主張し、サービスを与える側（公的機関など）の責任を回避する傾向が強いのである。これに対し、専門職制度における「クライアント本意」の内容は、（以下で見るように）市民の基本的人権を守るという「社会正義」の観点から正当化されたものであると同時に、結果や手続きを重視する「責任倫理」にもとづいたものであり、クライアントへの無責任と、専門家の独善性を避けるべく、サービスを生み出す論理＝プロセスやサービス内容への厳しいチェックと反省を喚起するものである。

それでは一体なぜ専門職においては、クライアント保護の仕組みがそれほどまでに強調されなければならないのか。これはクライアントという存在のもつ本質的特徴、すなわち、クライアントは自分自身の要求や要求を実現する方法を自分自身で完全には把握しきれていないこと（自己の不一致）に由来する、ある種の「弱さ」をもつ存在である、という点に関係している。こうした事実に対応して、専門家の職務には、クライアントのために、必ずしもクライアント自身の意識的な要求でないサービスを選択し与えることが、その内容として含まれることになるのである。もちろん、このことは専門家の専門的視点がクライアント自身の意志や願望に優先されることを意味しない。専門家は一方で専門的判断にもとづきそのサービスを選択しつつも、他方でたとえそれがいかに非合理なものに見えたとしても、クライアント自身の意志を尊重し、その尊厳を守ることが求められている。専門家の職務には本質的に矛盾・危険が内包されているのである。

では、このような一種の人権侵害の危険を冒してまでクライアントに介入する専門職の権力は、一体どのような論理によって正当化されるのか。それは専門家の活動が市民＝クライアントの人権（生命、尊厳、自律性など、それを失うと自分が自分でなくなるような大切な事柄）を守るという、それ自体、社会正義を実現するという公共的な使命を帯びた営みであるからである。

教育の場合、第一の職務内容＝使命は子どもの市民権（人権中の人権であるところの教育・学習権）の保障にある。すべての子どもに、市民社会のひとりの市民・生活者としてうまく社会に参加し生きていくための実践能力を保障し、一人ひとりの個性の実現とその協働を通して、よりよき社会の創造をめざすことが、その目的には含まれているのである。教育とは、個人の便益確保のための私事の総体なのではなく、それ自体が人間の尊厳と人権を保障する正義の実現に向けての社会的プロジェクトなのである。

もちろん、現在の日本の教育制度も、こうした目標とそれほど遠くない理念の上に成り立っている。教育基本法に見られるように、その目的は教育権・発達の保障にある。だが、この目的を「国家が官僚制的形式を通して」実現しようとしているために、その目的は形骸化し、その実質を奪われたものになってしまっている。たとえば、教育権の保障や平等の実現という目標は、基礎学力や実践力の実質的保障というよりも、学校に行く年数の保障、一斉授業への出席の強制というかたちでしか実現されていない。また、日本では、普遍的視点を志向するはずの「市民教育」がひとつの利益集団である国家による「国民教育」によって包摂され、「市民」の権利＝自律性の保障という目的がないがしろにされる傾向も強い。とくに、日本では、公共精神といえば、滅私奉公的な自虐精神を意味しがちで、市民的な権利主体であることの実質保障という観点は、その伝達経路（とくに、学校文化や教師の個人的教育観）において、雲散霧消してしまうのである。

専門職制度の市民=公共的統制

以上、専門職制度の基本構造とその意義について述べてきた。だが、当然のことながら、ここで描いたものは専門職の「理念型」に過ぎないし、また、この制度が理念通りに実現されたとしても、そこにはさまざまな問題が残されている。ここではとくに教育の領域の特殊性を考えたうえで一つの重要な問題について検討しておく。その問題とは、専門知識や専門職集団の閉鎖性・独占性という問題である。

知識の閉鎖性あるいは専門家による知識の独占は、専門家集団や専門知識の神秘性を高め、これを価値・イデオロギー的に硬直化させる。とくに技術的な知識は、その必要性を生み出す文脈自体のトータルな反省を行う方法(視点)をもたないからである。

こうした専門職・専門知識の閉鎖性は、教育の営みにとってはとくに致命傷になる。それというのも、教育はもともと社会や生活のあらゆる面に深く浸透した多義的かつ抽象化(脱文脈化)の困難な営みだからである。そもそも教育とは、民衆による自生的な営みであり、共同体的な行為であった。さらにまた、近代社会における教育は社会や経済を支える営みであり、個人の便益でもある、という点も無視できない。専門家、あるいは専門知識や技術が教育を統制=独占するとなると、市民や当事者(子ども)を教育の営みから疎外するという深刻な問題を生み出してしまうのである。また、専門知識が権力をもちすぎると、クライアントや民衆の専門家依存を強めるという問題も深刻化する。教育の目的が子どもの社会的自律を支援することにあるとすれば、こうした依存の創出がいかに問題の多いものであるかよくわかるであろう(9)。

こうした問題を避けるうえで、まず第一に必要なことは、学校(公教育)による教育の範囲を限定することである。「市民の育成や人権を保障するための教育」を越えた教育は家族、地域、民間など、私的な、あるいは共同的な営みに返還するのがよいかもしれない。しかし、教育の営みはそもそも多義的であり、どこからどこまでが学校の責任かという選択自体が専門的な、そして公的＝政治的な問題である。学校機能をあまり限定(スリム化)しすぎると、家族や地域がうまく機能しない現状では、教育が地域や階層的に偏ったり、市場の論理に飲み込まれる危険が高い。

第二に必要なことは、専門知識や専門家の実践を生活者としての市民の〝声〟や公共的な討論の場(政治的次元＝批判理論)へと開くことである。まず、客観的・技術的知識を中心に構成されてきた専門知を、政治的＝批判的、倫理的＝実存的な原理により構成された知を組み入れたかたちで再構築する必要があるだろう。自身の行為の正しさや帰結について、何ら疑いをもたないしもとうともしない教師、他者の要求や声に耳を傾けようとしない教師は、薬の副作用や患者の実存的様相に無関心な医師と同様、専門職としては失格である。さらに、こうした政治的＝倫理的な知は、客観的な真理の名(論理・実証主義的方法)において正当化されるものではなく、それ自体が現場での実践や公的・政治的検討の場での議論(批判や反論)に耐えてきたことで正当化されるものである。専門的アカウンタビリティ(公開し説明する責任)の制度化はまさにこうした専門知の市民的統制に途を開くものであるが、これを一歩進めて、専門知そのものの背後仮説や機能を批判的に検討し吟味する「公共討論の場＝批判機能」をさらに積極的に制度化することが必要であろう。

第三は、専門知を具体的に専門家とクライアントとが役割関係を超えて出会い、かかわりをもつ教育の臨床場面としての現場へと開くことである。以下では、この点について若干の補足を加えておく。

臨床的専門職に向けて

教育の営みは、教室という独特の社会的文脈のなかで、また一人ひとりの子どもとの取り換えのきかない特殊な「かかわり」のなかで生じる具体的な営みである。つまり、教師のワークの特殊性は、行為の長期的意味が問われると同時に、それぞれの関係や状況に応じた臨機応変な対応が求められ、また、生徒との「かかわり」を通して教育が進行すると同時に、そうした「かかわり」自体が目的でもあるという、その複合的性質にある。

たしかに、官僚制的な上意下達的な執行方式と比べて、現場で実際にクライアントに「かかわり」、サービスに携わる人間＝専門家を意思決定の主体とする専門職制度においては、クライアントのニーズや環境に対応する、きめ細かな配慮と対応が可能である。だが、教育のプロセスは状況や文脈から切り離すことのできない包括的・多義的・複合的な営みであるため、既成の専門知を現場で「適用」する方式では対処しきれない。知識や技術は一種の定石としては有効だが、定石では通じないような状況においては、経験を積むことで状況のなかに身体を住まわせ、五感をフルに活用し、創造的な対応を可能にするいわゆる実践芸(実践知)を鍛えるしかないのである。もちろん、われわれは経験知=実践知の卓越性と同時に危険についても熟知しておく必要がある。こうした危険を避けるためにも、実践知を外部から対象化・言語化し、その方法のもつ意味と問題点を析出する理論的な作業のくり返しが必要であろう。単なる臨床的実践家でなく、臨床的な専門家が求められるゆえんである。

教育の臨床性のもう一つ重要な要素はその具体的な関係性、あるいは「かかわり」である。これまで、教師=専門職論は、「責任(倫理)」の強調を通して、「愛」や「人格的権威」を否認してきた。教師=専門職論は、職業カテゴリーと人格カテゴリーの融合を批判してきたからである。だが、教師のワークを、広い意味での「愛」や「権威」の問題と無関係に定義することはできない。教師は、生徒とひとりの人間として出会い、倫理的・実存的な関係の様相に不可避に巻き込まれつつ、実践をおこなう者だからである。だが、それが職務=ワークである限り、あまりに自然主義的・心理主義的に捉えられた「愛」や「権威」の概念でこれを規定=定義することもできない。では、どのようなものとして、これらの概念について考えればよいのか。

まず、「愛」について。ここでは「愛」を対象への、かけがえのなさの感覚にもとづく関心と配慮(ケア)としてとらえる。だが、臨床家の愛は、感情の一体性を基本原理とする親=子の愛とは区別されなくてはならない。親=子の愛に見られる運命的絆としての愛情は人間の存立にとって不可欠な愛であるが、ともすればこのタイプの愛は対象(子ども)を自己の延長=所有物とし、自分との価値観の共有を迫るものとなる。こうした対象との融合を特徴とする愛＝感情は子どもと距離を確保することを難しくし、その感情や要求に振り回され、冷静さと公平さを失うことになりやすい。

これに対し教師は、子どもに愛＝倫理（対象への関心・配慮）を注ぎつつも、こうした愛＝感情に呑み込まれ、とくにそれが所有欲や恨みへと転化する危険を回避できなければならない。愛の感覚とともにありつつその感覚自体を操作する理論と技術が必要なのである。こうした技術についてのひとつのヒントは精神分析家とクライアントの関係のなかに見ることができる。分析家においては、転移現象の理論や学習分析（自己分析）がすでに専門職に必須の知識＝技能領域に含まれている。「金銭の支払い・受け取り」、「面接時間の区切り」、「空間的配置」、「言葉遣いの工夫」など、分析家とクライアントの関係を維持・演出する舞台設定はそれ自体が重要な治療技術でもあるのである。

教育の場合、とくに、相手が低年齢の子どもの場合、この関係のありよう（プロセス）はそれ自体が目的と同等の重要性をもつといってもよい。子どもは他者からの承認を求める要求と個々の欲望（関心）とが未分化であり、学びへの興味や関心にさえ、教師からのまなざしと教師への愛が融合したかたちで構成されている。とはいえ、教師が子どもへの「愛」を常に平等に「感じる」ことは難しい。必要なのは、子ども一人ひとりへのかけがえのなさの感覚と子どもの他者性への畏敬の念をもって、子どもの「声」に耳を傾け、共感し、その関心に関心を向ける技芸＝アート（ケアの技法）を磨き上げることなのである。

次に、権威について。現在、ある意味で「権威」はこの国で大きな争点となっている。一方で、権威の解体に命をかける言説が溢れるかと思えば、他方でその堂々とした復活が待望される。だが、重要なのは、権威をしっかり区別することである。現在の教師の権威は、官僚制的職員としての権威に近いものとなっている。こうした組織依存型の権威はその権威の来歴の匿名化＝無責任化と結びつき、とくに小さな子どもにとって権威や規則＝法をよそよそしいものにしてしまう危険がある。これに対し、現場＝臨床性を中心に据えた専門家は、専門的に洗練された知識と倫理にもとづき責任ある判断をおこなう主体としての権威をもち、権威の人格化をもたらす。もちろん、ここで専門職による権威の人格化は、親＝子関係に見られるような自然発生的・運命的な権威からもしっかり区別される必要がある。たしかに、子どもが人間となる（＝実存的次元のアイデンティティを得る）うえで、理屈を超えた運命的権威（父性）による承認が不可欠であることはいうまでもない。だが、こうした選択の余地を認めぬ運命的権威は、子どもの自律的判断力を育成していく上で、阻害的に作用する可能性が高い。子どもが、ひとりの「人間＝生活者」から「市民＝公共圏へと参加し実践する主体」へと成熟していくためには運命的権威を所与のものとして引き受けつつも、これを選択肢の一つとして相対化し、そこから自立していく必要があるのである。現場に臨みつつも専門家（＝プロであり社会に委託された権力者）である教師の権威の意義は、まさにここにあるといってよい。すなわち、教師の権威とは「親の自然発生的で無制約の権威と世の制度的人為的政治的な権威の違い」を伝えるために、「政治的権威の模範として」子どもとかかわる、媒介者としての、さ

らには消滅することを目的とした権威なのである。(10)

4　おわりに

教育はまだ見ぬ未来社会の実現、子どもの潜在的可能性の開花といった、目に見えない価値を含む価値の構築・創造にかかわる社会的・政治的・倫理的な営みであり、また、それ自体、人びとの人権や尊厳を守り、市民としての実践能力を育成するという社会正義の実現をめざしたプロジェクトそのものでもある。しかも、教育という営みは、サービスを受ける当人の意志を越えたサービスを当人に対して付与するという、大きな賭けをともなう(ある意味で越権的な)営みである、という特質ももつ。

現在、第三の教育改革といわれる大きな改革が進行中である。そこでは教育に対する過剰な国家統制が批判され、市場原理の導入が主張される。しかし、上述の教育の特質を考慮するならば、この営みを国家統制か市場統制かのどちらかに限定する方式には問題が多い。教育の営みは、社会(公共圏)や現場に対して開かれた専門的な論理によって守られる必要があるのである。

教育の営みをこのように専門的に統制し充実させるには、教職の制度改革がぜひとも必要である。これまでのように、制度改革の議論から教師を排除し、教師問題を「教師とは誰か」の個人化された問いへと閉じこめてしまうことはできないのである。もちろん、教師の専門職化という本章の主張は、理論的にも現実的にも乗り越えるべき課題が多い。しかし、教育の営みの特性を考慮するなら、教師のワークを制度的・根本的に問う作業をはじめることが必要であることは確かである。本章での主張がこれからの議論の展開を促すきっかけとなることを願う。

注

(1) 佐藤学「現代社会のなかの教師」佐伯他編『教師像の再構築』岩波書店、一九九八年、三―二三頁。
(2) たとえば、教育改革において教師問題は教養審という枠の内部で議論され、そこ(第三次答申)では、採用における人物評価、研修における社会体験、大学における現場体験の重要性が主張されているに止まり、職場の条件や教師の理念への検討は不在である。
(3) たとえば、金八先生やG・T・O(グレート・ティーチャー・鬼塚)人気に見られるように、学校の権威や形式に対抗して生徒への愛を貫く教師は子どもたちのあこがれの的である。
(4) 向山洋一の一連の著作。たとえば『プロ教師への道』明治図書、一九九四年など。
(5) 諏訪哲二らの一連の著作。たとえば諏訪哲二『反動的!』JICC出版局、一九九〇年など。
(6) 越智康詞「教育空間と『教育問題』」田中智志編『〈教育〉の解読』世織書房、一九九九年、一六七―二三七頁
(7) たとえば、市川昭午『教師=専門職論の再検討』教育開発研究所、一九八六年を見よ。
(8) 陣内靖彦「教師の社会的特質」山村他編『現代学校論』亜紀書房、一九八二年、一三六―一四八頁。
(9) たとえば、イリッチは専門家を知的権威、道徳的権威、カリスマ的権威で顧客の不能化を押し進めるソフトな支配者と批判する。I・イリッチ、尾崎浩訳『専門家時代の幻想』新評論、一九八四年。
(10) 関廣野「学校を市民社会の実験の場に」佐伯他編『共生の教育』岩波書店、一九九八年、二六九―二八四頁、二八三頁。

第7章　「学校文化」に埋め込まれる教師

永井　聖二

1　日本の学校の特質と教師文化

私たちが小学校に学校見学に行く。

平日の午後三時すぎ、学校に入っていくと、子どもたちはもう清掃の最中である。班ごとに自分たちの教室の掃除をする姿を見かける。教室に入ると、今週の教室の掃除当番は二班、このクラスが担当している音楽教室の掃除は四班というように、子どもたちの活動が組織されている様子を眼にすることができる。

掃除に限らず、給食の際の食べ物を配る係や注意事項の掲示を眼にすることもできる。こうした日本の学校のありさまは、多くは日本の学校のなかで育った私たちには、馴染みのあるものといえる。

だが、考えてみると、欧米の学校では、掃除当番という仕組みはきわめて稀なものなのだ。子どもたち自身による掃除は、アジアの仏教国の学校の伝統ともいわれるが、欧米の学校では、日本の学校でいえば大学のように、大きなゴミがあれば拾っておこうという程度で、掃除そのものは業者に委ねられている学校がふつうである。

給食にしても、日本のように原則としてすべての初等学校の子どもに対し給食が実施されているのは、スウェーデン、フィンランドなどの北欧諸国が目立つ程度である。アメリカにもランチプログラムと呼ばれる無料の給食はあるが、日本のように全員に対するものではなく、経済的な援助を必要とする子どもたちだけを対象とするものである。ドイツやスイスでは、自宅に帰って昼食をとる子どもも多い。

給食の有無や対象の広さだけでなく、昼食時の子どもたちに対する教師の目配りもまた、日本の学校の特質であろう。パンや牛乳、おかずの運び方にはじまって、食事のマナー、前後のあいさつなど、教師が子どもたちとともに食事をとりながら、のぞましい食事習慣を育てようとする指導は、日本の学校の特徴といえるのである。

「楽しく話しあいながら食べる」「偏食しない」（パンとおかずやスープを交互に食べる）「三角食べ」などの指導を受けたことを思い出すことのできる読者も、少なくないはずである。そして教育実習においても、授業の実習もさることながら、ときにはそれと同等の重みで、清掃指導や給食指導の重要性が強調されることがある。それは、こうした生活習慣の形成にかかわる教師の指導が、日本の学校の特徴であるがゆえ、ということができよう。

また、そもそも職員室はアメリカの学校には一般的には見られないというように、われわれが当然のように学校の姿として想いうかべる日本の学校の特質は、かなり日本的なものであって、価値的な評価は別として、世界的に多く見られるものではないということができる。

教師文化

ところで、ではこうした日本の学校の特性は、何によって規定されているのだろうか。教育法規からみると、憲法のもとに教育基本法があり、学校教育法があって、さらに学校給食法、学校保健法などのさまざまな法律があって、それを具体化する施行令、施行規則がある。

これを併せて法令と呼ぶのだが、これらの法令には各々の学校の教育実践を規定するほど細かな規定が定められていることは多くない。たとえば学校給食の場合、学校給食法は、学校給食の目標を「日常生活における食事について、正しい理解と望ましい習慣を養うこと」「学校生活を豊かにし、明るい社交性を養うこと」「食生活の合理化、栄養の改善及び健康の増進を図ること」としているから、学校や教師の仕事の範囲を狭く限定しない日本的な教育観を反映してはいる。(1)

しかし、より具体的には、学校給食実施基準に、「当該学校に在学するすべての児童又は生徒に対し実施されるものとする」「年間を通じ、原則として毎週五回以上、授業日の昼食時に実施されるものとする」ことなどが示され、この基準に「適合するよう努めること」が求められる程度である。

だから、一斉に挨拶してから食べる、班ごとに食べるというように、私たちの多くが多少の差はあっても似たような給食の体験を多くもっているのは、それが日本の学校の伝統であり、教師たちも(多くの場合親たちもそうだが)学校として当然だと考えているからにほかならない。

こうした教師たちの伝統、何が当然なのかと考えている内容をさして、私たちは教師文化(teachers' culture)という。

教師文化というのは、簡単にいうと、教師集団に共有される行動様式ないし思考パターンを意味する。職人気質とか役人タイプという言葉が示すように、それぞれの職業は、その職業ごとにみられるものの考え方や行動の特質を形成することが多い。これが職業文化と呼ばれるが、教師文化は、この職業文化の一つであり、ここでいう文化とは、一定の社会集団の成員が共有する行動、思考の様式を意味する。

日本の教師集団には、「服装の乱れは心の乱れ」とか、「集団で互いに助け合うことが何より大事」というような「常識」が共有されていることが多い。それは日本社会の文化的特性の反映でもあるが、両者はイコールではなく、教師文化は日本の学校と教師—生徒関係の重要な規定因となっている。

職業文化は、程度の差はあっても、どの職業にも存在するものであるが、学校という組織はもともと多様な解釈を許容する抽象的な目標の下で、文化的な要因の規制力が強いから、教師文化が日々の教育実践の質を規定する重要な要因になるといえよう。

教師文化の背景

学校が「よい子」を育てることを目標にすることに反対する人はいないが、よい子とはどんな子なのかということになると、さまざまな意見が存在する。中学生には中学生らしい服装が求められるし、そのための指導がなんらかの形で必要だとするのは教育界では共通の意見といってよいだろうが、具体的にどんな服装が「中学生らしい」かということになると、意見は必ずしも一致しない。さきにあげた学校給食の例では、「正しい理解と望ましい習慣」とは具体的には何かが、問われることになる。

それを決めるのは、教師たちの考え方、すなわち教師文化である。新任教師が職場集団のなかで成長する過程でも、重要な影響を与えるのは、「教師はどうあるべきか」「よい教師とはどんな教師か」という問題にかかわる、教師文化の内容なのである。

そして教師文化の影響力は、学校組織において専門職化が進行し、教師の自律的な裁量の余地が多くなるほど強くなる傾向がみられる。この点について、グレース(Grace, G. R.)が、バーンスティン(Bernstein, B.)の論を借りて、専門職化を官僚制という基本的に見える(visible)で集権的なコントロールから、基本的に見えない(invisible)で拡散したコントロールへの移行としてとらえていることは注目されてよい[2]。

教師文化の具体的な内容については、実証的な研究は多くないが、かつての師範タイプを引き継ぐ形で、まじめさ、着実さが指摘される一方で、スケールの小ささ、偽善的などのマイナスイメージが語られることも少なくない。

巷間伝えられるこうしたパーソナリティ・レベルの特性がどれほど当を得ているかはともかく、教師文化は、こうしたパーソナリティの特性とともに、授業の進め方や同僚との付き合い、教師としてのことば遣いや理想の子ども像など、さまざまなレベルで特性がみられ、それが学校の現状と深くかかわっているわけである。

では、なぜこうした教師文化が存在するのか。この問いに簡単に答えることは難しいが、まず第一に、一定の特質をもった個人が教員社会に集まるという事情があげられる。教職はもともと両親や家族内に教員がいる子弟が志望することの多い職業として知られる。また、同一県内の出身者が多く、公務員としての安定した職業としての位置づけから教員を志願するものも多い[3]。

しかも教職の場合、昇給や昇進はとりわけ年功序列的な傾向が強く、ユニークさが求められるというよりは、無事に勤めあげることが求められる。さらに、もっとも注目すべき点として、教師という職業的な役割そのものが、未成年を相手に上位者として指導する形で遂行されるもので、サービスの受け手の児童・生徒はサービスの対価の支払い者ではなく、教師は社会からの支払いを受けるかたちで、公教育制度の枠組みのもとで仕事をすすめることであることも見逃せない。こうした条件が、教師文化の維持と継承の背景となっていると考えられる。

2 教師―生徒関係の転機

同僚性への期待

ところで、教師文化については、近年、学校改革の必要性がとなえられるなかで、同僚性のあり方が問われ、教師文化が改めて注目されている。[4]

今日、学校教育の諸問題が顕在化するにつれて、その解決のために、学校教育の質の向上をめざす動きが急である。わが国のみならず、学校教育の大衆化が一定程度進行し、それと平行して学校教育の問題が噴出するにつれて、教育改革への期待が高まり、教師教育の改善が議論されるのは、多くの進学率の高い諸国に共通の傾向である。

その際、問題になるのは、個人としての教師の資質、力量ではなく、学校教育を担う教師集団のトータルな教育力なのである。それは結局、各々の学校の教師文化のあり方と深くかかわるということになる。その意味で、今後の学校を担う教師文化のあり方が注目されるのだが、教師文化とのかかわりから、近年の学校、教師研究で、同僚教師の協力関係が注目を集めている。この教師集団の協力関係の鍵となる教師集団の横の構造が同僚性である。

ただし、欧米の同僚性の議論は教師の専門性向上の文脈のなかで展開されたものであるが、それがそのまま日本の学校においても当てはまるかどうかについては、検討が必要であろう。欧米の学校では、従来教師の協力関係は組織化されていないことが多く、したがって学校の教育力を高めようとするとき、同僚性が注目されるのは不思議ではない。ところが、日本の教師の役割はきわめて広汎で、「もちあがり」といった慣行も多いが、一方で職員朝会や職員会議がくり返される状況がみられる。もともと協力関係が強調される日本の学校で、さらに教師間の協同を強調することが、そのまま学校の改革につながりうるかは、即断できない。同僚性が注目されるべきなのは確かであっても、あくまで教師文化の内容とのかかわりから同僚性の意味を検討する視点が必要であろう。

教師—生徒関係の文化

ここでもう一度、日本の学校と教師役割の特性をまとめておこう。

(1) 集団を単位とする指導の多用
(2) 間接的なコントロール
(3) たてまえとしての平等主義的能力観
(4) 教師役割の無限定性

日本の学校の特性としては、児童・生徒の同質性を建前とし、前提とする均質な指導、集団を単位とする指導の多用、教師の間接的コントロール、教師役割の無限定性などが指摘されてきた。

集団を単位とする指導の多用とは、学級や班を通した指導であり、子どもたちが朝の登校から夕方の下校まで、同じ学級集団のなかで過ごし、教師の側では「教師の仕事はまず学級づくりから」といわれることに対応する。

同質性を前提とする指導とは、子どもたちの能力差をできるかぎり顕在化させないように配慮しながら指導をすすめることを意味し、わが国における習熟度別クラス編成の人気のなさにつながるものがある。

また、教師役割の無限定性は、教師の多忙感とかかわる。教師の多忙感とは、実際に時間的に多忙であるというだけではなく、多忙ななかでさまざまな方向性の役割期待への対応を要求されるというところにある。教師の仕事と親の役割の区別が比較的曖昧で、教師の仕事が際限なく要請されることを意味する教師役割の無限定性は、わが国の学校における教師の多忙感と深くかかわっている。

ただ、今後の学校のあり方を考えるうえで、もっとも問題になるのは、集団を単位とする指導の多用、教師の間接的コントロールという伝統であろう。学級王国といわれるように、準拠集団の形成とそれにもとづいた教育力の行使は、わが国においては教師の仕事の第一歩とされてきた。一方、コントロールの間接性とは、直接的な命令ではなく、子どもの同調を促すかたちでの教育力の行使をさす。

この間接的なコントロールの重視と集団を単位とする指導が結びつくと、教師が子どもたちに対し、「本当にそれでよいのかな？ みんなでもう一度考えてみましょう」などと働きかけながら、子どもたちを結論へと誘導する、典型的な日本の教師の生徒への働きかけとなる。

中学校の修学旅行の前日に、教師が生徒を集めて旅行の注意を与えている場面で、生徒が「カバンはどんなものを持って行けばよいのですか」と質問する。このとき教師は、当然に同調すべきものが存在するという意味で「そんなことは自分で考えなさい」と答えるのだが、こうした私たちに違和感のない教師―生徒関係の光景は、まさに直接的なコントロールではなく、間接的な、自発的な同調を促す日本的な教師のコントロールのあり方を示すものといえる。

求められる新たな方略

今日、私たちが学校を訪ねると、多くの学校の職員室（または校長室）に「自らすすんで…する子」といった教育目標がかかげられていることに気づく。その意味するところは、よし悪しは別として、自らが方向を選択するという意味での自律性ではなく、集団の進む方向性を所与のものとして、自ら進んで同調する子どもを育てることである、ということができよう。

ところが、周知のとおり、近年では、こうした日本の教師―生徒関係の特質は、かなり揺らいでいる。間接的なコントロールを意図する教師の働きかけに対し、期待通りの反応が生徒から返ってこないことも多い。「みんな、本当にこれでよいのかな？」と教師が問いかけたとき、「別に…、オレたちは困らないけど…」と答えられたのでは、間接的なコントロールは成り立たないのである。

機能的な教育主体の変容にともなって生じた、こうした伝統的なコントロールの規制力の減退に対して、校則に代表される直接的な規律統制をめざす動きが学校現場に現れたことは、記憶に新しい。制度的な権威を源泉としながら、児童・生徒の集団をきびしく枠づけ、校則にもとづく生徒のコントロールをおこなうこうした動きは、一時活発化したものの、やがて管理教育批判、校則見直しの動きのなかで支持を失ってきた。

その結果、子どもの「主体性」を重視した指導の必要性が要請されるようになったとき、強調されるようになったのが、カウンセリングマインドをキーワードとする教師―生徒関係の親和性の維持によるコントロールであり、個性尊重戦略、個別的配慮重視の戦略なのである。

現状としては、伝統的な教師―生徒関係の特質と直接的な規律統制、それに新たに強調された親和的関係を強める方向のコントロールが、いずれも決定的な力をもたず、教師現場に併存する状況がある。ただ、集団レベルの指導には限界があり、今後の方向としては個別的な配慮を強めることが期待されるのは不可避であるといえよう。

3　職業的社会化を超えて

教師の職業的社会化

教師文化は、生徒文化とともに学校文化を構成する有力な要素であって、その内容は、日々の教育実践にきわめて重要な意味をもっている。ところで、教師文化の機能としてあとひとつ重要なのは、教師の職業的社会化（vocational socialization）の内容となるということである。

もともと社会化というのは、パーソナリティの社会的形成過程を示す概念であり、教育関連諸科学では、個人のパーソナリティ形成を文化の内面化という視点から説明しようとする際の鍵概念として用いられる。

国民文化のレベルでは、日本の社会に生まれた個人が日本社会のなかで生活が可能になる過程が社会化であるし、アメリカの日系移民の一世が日本人的な生活様式や意識を維持しているのに対し、二世、三世が次第にアメリカ社会に同化していく過程も、社会化の視点から説明される。社会化の概念は、文化を媒介として個人のパーソナリティの形成や変容を検討する際に、有効で不可欠な視角を与えてくれる概念である。

教師の職業的社会化もまた、教師が教職についての志向、教師として要求される行動様式、教師集団の規範（norm）を内面化し、教師集団に適応する過程だと考えられるとともに、一方では教職の機能維持、教師集団の同質性保持のために必要な過程とも考えられる。また、教師の職業的社会化の速度や内容は、学校の教育活動に大きな影響を与える要因としても重要である。

教師の職業的社会化について考えるとき、とくに問題とされるのは、同調への直接の圧力にさらされ、可塑性にとんだ新任期の若い教師の変容過程である。一般に新任教師は、この時期により現実的な教職観を身につけるとともに、所属校における学校集団の教師文化を内面化し、子ども、父母、同僚に対する「教師らしい」行動様式を習得するよう要求される。

同僚教師集団の重要性

ところが、教職は、教師になるための訓練から実際に子どもに対するようになる移行が唐突に要求される傾向にある。

そこで、当然の結果として、おおいに困惑した新任期の若い教師が行動の拠りどころ(準拠枠 frame of reference)とするのは、同年代の同性教師集団や同学年担任教師集団であることは、これまでの調査研究が明らかにしていることである。ごく大雑把にいってしまえば、新任期の若い教師が教師としてどう行動してよいのか困惑するとき、解決策として採用される方略は、となりの教師がどうするかをうかがうことであり、同学年の教師集団の成員として同じような行動をとることであり、同年輩の教師集団の一員として行動するということなのである。

一方、教師集団には、教師が互いに同僚の教師に対して同調を求める一定の行動パターンがあると考えられる。新任期の若い教師は、より「現実的な」「教師らしい」行動様式の習得にあたって、この教師文化の影響をつよく受ける。したがって、新任期の若い教師が現実の教職経験に対応しつつ期待され、学習するよう求められる役割の内容を知覚し、役割イメージを再構成するに際して同僚教師集団を準拠集団とすることは、この集団を通して教師集団の文化の内在化をはかることに他ならない。

要するに、新任期の若い教師は、就職後において養成段階の理想主義的志向と生徒に対する許容的態度を再検討し、自らが期待され、学習するよう求められる役割の知覚、すなわち役割イメージを再構成するよう迫られる。そして、新任教師の役割葛藤は多様であるが、この時期の教師にとって構築されるべき新たな自己の役割イメージの準拠枠は、多く同年代ないし同学年の同僚教師集団に求められるということである。

教師の役割葛藤

若い教師の就職後の社会化過程において社会化の担い手（エージェント）となるのは、同学年、同年輩の同僚教師であるが、一方若い教師が日々の職業生活のなかで重要な相互行為の対象とするのは、いうまでもなく生徒である。新任教師を対象とした多くの調査研究でも、その悩みは生徒との相互作用の問題に多くかかわる。

生徒の新任教師に対する役割期待と同僚を準拠者とする教師の側のイメージの内容には、学校差もあるが、深刻なズレがあるのがむしろふつうである。そうした状況の下での教師の側の対応としては、現実にはたびたび述べたように、単に同僚の役割行動に同調するというかたちでとりあえず解決がはかられることが多いのであるが、教師―生徒間の葛藤に直面した若い教師がその解決策をどのように見いだすかという問題は、さらに研究がすすめられるべき課題といえよう。

この点では、ウッズ(Woods, P.)のサーバイバル・ストラテジー(survival strategy)の概念が、教室場面での教師の生徒に対する行動を理解するための有効な視角を提供するものといえよう。

ここでいう教師のストラテジーとは、公的な教授目的にもとづくストラテジー(方略)だけではなく、学校内のさまざまな圧力の交錯とそこから生じるジレンマのもとで、教師の生き残り、職業的なアイデンティティ(identity 自我同一性)を確保するための自己防衛的なストラテジーを含んでいる。ウッズのこのサーバイバル・ストラテジーの概念は、教室場面の理解において教師と生徒の交渉過程とそれにもとづく教師の社会化の分析のための有効な視点を提供するし、なによりも教師の生徒に対する暗黙のコントロールの分析の道をひらくものといえる。

ただし、私とすれば、教師の職業的社会化に限っていえば、教室場面の教師のストラテジーは、教室外のさまざまな葛藤的な要求を反映したものであることを忘れてはならないし、またそう理解されるべきものであることを指摘しておきたい。

教師の感じるジレンマは、いうまでもなく教室場面での教師―生徒関係にのみ特有のものではない。程度の差こそあれ、校長と教師の関係や父母と教師の関係もまた多分に葛藤的な性質を帯び、これらの役割限定者(role definer)と教師との関係は、教師の職業的社会化の過程に無視しえない重要な影響を与える要因となる。

職業的社会化を超えて

教師が役割葛藤(role conflict)におちいりやすいことは、早くからしばしば指摘されてきた事実であった。役割葛藤とは、同一個人に対して相容れない期待が向けられている状態と定義できようが、要は「忠ならんと欲すれば孝ならず」という平重盛のジレンマをさす。

グレイス(Grace, C.)が指摘するように、教師の役割は拡散的で多岐にわたっているから、教師という職業はとりわけ役割葛藤におちいりやすい。とくに新任期の教師の場合、若い教師に対する生徒の期待には独特のものがあろうし、同僚教師からの同調への圧力はとりわけ強いうえに、新任教師の側の自律性維持の条件は乏しい。さらに若い教師を不安視することの多い父母や校長の役割期待も無視できないし、悪いことにこれらの役割期待はお互いに矛盾することが多い。

両立し難い役割期待に同時に従順であろうとすれば、若い教師はたちまちのうちに役割葛藤に直面し、その職業的なアイデンティティを喪失する危機に直面せざるをえない。したがって、この点からいえば役割葛藤を経験し、何らかのかたちでそれをともかくも解決し、自己の職業的アイデンティティを維持するプロセスが、若い教師の職業的社会化の具体的なプロセスであるとみることもできよう。

それは、教室内ではウッズのいうサーバイバル・ストラテジーという視点によって浮かびあがらせることのできるプロセスであろうが、結局のところ、どの役割限定者の期待に応えるか、どの役割限定者を自らの準拠的個人とするかという選択の問題に行きつく部分が多い。

意識・行動の準拠枠を提供する特定の個人を「意味ある他者」(significant other)と呼ぶが、若い教師の「意味ある他者」が一般的にいえば生徒ではなく同僚であることは、すでにこれまでいくつかの研究で明らかにされてきたとおりである。個人がどんな集団に準拠し、どんな個人を「意味ある他者」とするかを知ることは、個人のパーソナリティや行動の理解の鍵となるが、「意味ある他者」選択のメカニズムは、個々の若い教師の職業的社会化の過程をみるうえでも、きわめて重要な点であると考えられよう。

もちろん、社会化の過程は、個人が一方的に社会に同化される斉一性の模写のプロセスだけであるわけではない。社会と個人は、互いに対立しながら、個人が社会に取り込まれると同時に、個人のはたらきかけが社会の変容をもたらすことも、見落とされてはならない。教師文化もまた、若い教師を取りこみ、再生産の循環に埋め込む存在であるとともに、徐々に変容し、学校の変化をもたらすものでもある。

今日のように、近代社会の仕組みとしての学校制度がその存在の社会的基盤を揺るがし、グローバリゼーションの波のなかで日本社会の伝統的特質が変質を余儀なくされる状況のもとでは、若い教師たちが、社会化の枠を超えて学校のイノベーションを担うことが、期待されることになろう。

好むと好まざるとにかかわらず学校を飲み込む知識の蓄積の有効性の低下という事態も、若い教師の学校観、授業観を変化させずにはおかない筈である。

注

（1）学校給食法第二条。

（2）Grace, G. R.（1978）*Teachers, Ideology and Control : A Study in Urban Education* R. K. P., p. 218.

（3）戦前のわが国の初等教育職員養成は、師範学校を中心とするものであった。師範学校は各県に設けられ、給費制は当時の貧しいが優秀な若者の魅力とされた。中等教育レベルの学校であったが、昭和一八年に府県立から官立に移管されるとともに、旧制専門学校レベルに格上げされた。

戦後、教員養成は一般大学にも門戸を開く「開放制」の原則をとったが、小学校教員に限っては師範学校の後身である教員養成系学部のシェアがかなり高い。教員養成系学部の学生は、同一県内出身者が多いなどの特徴をもち、その社会的出自は教師文化の内容ともかかわる。

（4）たとえば、ハーグリーブス（Hargreaves, A.）は、教師の態度、価値、信念、習慣などの内容と、教師相互の関係性を意味する形態の二つの視点から教師文化を論じている。Hargreaves, A.（1992）Cultures of Teaching : A Focus for Change, in Hargreaves, A. & Fullan, M. G.（eds.）*Understanding Teacher Development*, Cassell.

第8章　ジェンダーの視点から教育現場を見る

――「女」／「男」ラベルを纏《まと》う教師の役割を探る

吉原　惠子

1　はじめに

今、学校教育をジェンダーの視点から見直す動きが広まっている。これは戦後さまざまな形でおこなわれてきた「男女平等教育」運動をベースにしながらも、学校教育改革に新しい方向を与えるものとなっている(1)。

しかしながら、「ジェンダー」という言葉がさまざまな意味や意図をもって使われているため、混乱や誤解が生じているように思われる。本章では、「ジェンダーの視点」と「隠れたカリキュラム」の関わりを検討する作業を中心に、学校現場をジェンダーの視点で見直すとはどのようなことであるのか、また、これからの教師はジェンダーの視点を生かすことで、どのような役割を担っていくことになるのかについて見ることにする。

まず次節では、「ジェンダーの視点」を理解するための基本的用語である「性別カテゴリー」を理解するとともに、教育現場において「性別カテゴリー」がどのように使用されており、どのような点が問題とされているのかについて概観する。

第3節では、教育現場に埋め込まれたジェンダー関係を「隠れたカリキュラム」として発見することが、これまでの「隠れたカリキュラム」論のなかでどのように位置づくのか考える。

第4節では、ジェンダーの視点の現場での導入における問題を概観するとともに、教育改革、学校改革のなかで「ジェンダーの問題」がどう位置づけられるのかについて、現在検討を迫られている「学校知」や学校の「官僚制的性格」に焦点を合わせながら考える。

最後に第5節では、ジェンダーの視点から見た場合、これから学校のなかで教師がどのような役割を担っており、どのような問題が課題として考えられるのかについて展望する。

2　ジェンダーの視点から学校を見るということ

ジェンダーの視点と性別カテゴリー

ジェンダーの視点(gender perspective)は一般的には、個々人の日常生活や社会生活、また社会構造や制度を考察するときに、性(gender)に付随した社会的位置や、性(gender)に付与される文化的な意味がどのような働きをしているのかについて関心を払う研究上のアプローチをさしている。それは、まず性(gender)そのものに注目することが重要であるという認識から始まる。

人間は日常生活や社会生活のなかで生身の女や男として生きている。しかし、その女や男は同時にそれぞれ「女」／「男」というラベルを貼られ、そのラベルにさまざまな意味を盛り込まれるというプロセスにつねに巻き込まれている存在でもある。たとえば、「大学生」は学生という身分を表しているが、私たちはこのカテゴリーをさらに分割し、「女子学生」と「男子学生」に分けることがある。そしてこの分類のプロセスはまた、必要に応じておこなわれる場合とそうでない場合がある。

例として、大学生の就職を考えてみよう。とくに女子学生の就職状況が厳しければ、当然のことながらマスコミ等において「女子学生」が取り上げられることになる。一方、もし「大学生の私語」という問題が取り上げられる場合、その大学生とは誰なのかを特定する必要がないこともあるであろう。ところが実際には「女子学生の方が私語が多い傾向がある」というように、グループを特化する必要性とは別に男子と女子の間に分類の境界を設けたりする場合もある。

個別の例にもよるが、私語の多い学生を考えるとき、「女」／「男」という性別カテゴリーに依らないでもその現象を語ったり、描写をすることは可能である。ところが、他に有力な目印としてカテゴリーが見つかりにくい場合に、手近な判別指標として性別カテゴリーが利用されてしまう場合がある。(2)

右の例は少々わかりにくいかもしれない。それというのもわたしたちが日常生活のなかで起こっていることを語るときに、あるいは理解するときに、意識しないレベルで「女」／「男」という性別カテゴリーを用いているからである。[3] このことは教育の現場でも例外ではない。

教育現場における性別カテゴリー

学校教育の現場では「女」／「男」という性別カテゴリーがことさら強調されることはないと思われてきた。その理由のひとつとして戦後の男女平等教育という目標のなかで、カリキュラム上「女」／「男」は見えなくなっていたことがある（もちろん家庭科や体育等のいくつかの教科においては、男女共修などが問題にされてはきた）。また、男女共学制が定着し、男子教育／女子教育といった特性教育が陰をひそめたという印象があるからである。

教育という領域にジェンダーの視点が採用されて以来、可視化されてきたのはこのような目に見える形での性差や男女差別そのものではない。「女」／「男」というカテゴリー（ラベル）が現場でどのように埋め込まれ、どのように利用されているのかといった「隠れたカリキュラム」である。

ジェンダー関係はかならずしも「隠れている」わけではないが、これまで「見えなかった」ものがジェンダーの視点によって新しい視角を与えられ、また、同じ現象を異なった意味によって照らし出すことができるようになったという点で、「隠れた」カリキュラムなのである。ここでは、学校のなかの「隠れたカリキュラム」を具体例によって確認しておこう。[4]

組織的文脈　学校のなかで目に見える組織として教員集団がある。管理職の比率が男女で異なること、学齢段階が進むにつれて、すなわち小学校よりは中学校で、中学校よりは高校で、女性教員が少なくなることは子どもたちの目にも明らかである。このことがどのようなメッセージを伝えているかはさまざまな観点から検討されるべきであるが、少なくとも教員が女性教員／男性教員というラベルを貼られることがあり、そのことが何らかの社会的意味をもつことは確かである。

より具体的な例の一つとして、昔からいわれているように、「小学校の低学年は女性教員が向いているが、高学年は男性教員が適している」「女性教員が担任だと頼りない」「男性教員の方が部活動など生徒指導にも熱心である」などといった教員の適性や評価に関する側面をあげることができる。このような言説は、言説にとどまらず、実際の学校組織のなかで女性教員／男性教員の役割関係として、あるいは女性教員／男性教員のステレオタイプとして具現化され、固定化されていく。

構造的文脈　生徒や教師の活動の枠組を形づくる構造として、カリキュラムや学校行事がある。また、実際の授業を進行させる道具としての教科書や教材もまた、生徒や教師の活動を制御する。カリキュラムや教科書は知識の体系や認識枠組を伝達する媒体であり、学校行事には文化的価値や行動規範（規律）の伝達が含まれている。なかでも、教科書に登場する人物の男女比率、男女の役割分担や役割関係の描き方などはジェンダーの視点の登場以後、最初に着手された問題である。

また、学級運営の過程においてもその活動様式自体がさまざまな意味をもって、生徒ばかりでなく、教師にも影響を与えることが指摘されている。このような観点から、現場において現在もっとも焦点化されているのが男女混合名簿の問題である。学校で使用されるさまざまな名簿が男女別に作成され用いられてきたが，それがたとえ便宜的なものであれ何であれ，「女」/「男」という境界線とカテゴリーを強調しすぎることが，名簿につながるさまざまなことがらに影響を与えていることが理解されるようになってきた。

たとえば，朝礼の並び順，運動会などの行進順，テストの平均点を男女別に出すことやその比較が男女間の競争をあおることなどさまざまな問題点が指摘されている。後節でも触れるが，男女混合名簿に代表される男女のあいだの境界線の強調は，単に男女が分け隔てなく混ざっていればいい，そのことが男女を同等に扱うことにつながるという単純なことではない。文化の様式としてのジェンダー関係の伝達という隠れたカリキュラムが埋め込まれているという点が重要である。

教師―生徒間相互作用　学級運営の民主的運営というなかで，ジェンダー関係への関心が低いことがかつてから指摘されている。たとえば，学級委員長の選挙のとき，男子の候補者と女子の候補者が同じ得票数を獲得した場合，先生の一言で男子が委員長，女子が副委員長に任命される，といった問題である。先生が無自覚的に男子を主として，女子を従とする性役割観をそのまま教室に持ち込んでいる例である。このような例は，隠れたカリキュラムというよりは，明らかな性差別といってよいものである。

一方，授業内での性別カテゴリーの使用はどうなっているのだろうか。いくつかの調査や研究によれば，良くも悪くも授業が男子中心におこなわれやすい傾向があることが報告されている。一般的に男子は積極的に手を挙げたり、発言したりする。また、騒いだり、席を立ったりして秩序を乱すのも男子ということで、男子を統制することが授業運営を成功させるカギであると教師たちは感じているというのである。

ここには、学校教育以外で性別の社会化(gender-role socialization)を受けてきた女子／男子の行動パターンや「男の子は活発で元気な方がよい」「おとなしい方が女の子らしい」といった性《ジェンダー》規範が、授業内でも存在することがはっきりとあらわれている。このことはまた、教師の生徒に対する対処戦略というだけでなく、女子／男子の特性に対する思い込みや期待に沿って生徒を積極的に導いていている可能性がある。

教師が生徒のことを考えるとき、もっとも注目することは個々の生徒の学力であったり、個性であったりするであろう。そして教師自身、男女の分けへだてなく向き合っていると考えている場合が多いであろう。しかし、前述したように、「女」／「男」ラベルの使用は見えにくい場合が多い。ある生徒が男の子であったり女の子であったりということは、教師が生徒を語るとき、意識的なレベルで表れることは少ない。

これらの例以外にも、学校文化や生徒文化といった着目点によって、学校内の現象をジェンダーの視点から見直すことができるがここでは割愛する。(5) いずれにしろ、目の前の生徒や教師の性別は教育現場では文脈のなかに埋め込まれた形となっており、その意味で「隠れた」カリキュラムを生み出している。

3 「隠れたカリキュラム」の内容と効果

「隠れたカリキュラム」という用語

このように学校教育の現場には、いたるところにジェンダーの視点から見た「隠れたカリキュラム」が存在している。それでは、この「隠れた」カリキュラムを発見することが、教育の現場をどう変えていくのだろうか。本節では、この隠れたカリキュラムがどのような内容をもっており、結果としてどのような機能を果たしているとみることができるのか検討してみよう。また、ジェンダーの視点から見えてきた隠れたカリキュラムはこれまでの一般的なカリキュラム研究のなかではどのように位置づくのか見てみよう。

ところで、ここまで「隠れたカリキュラム」という表現によって見てきたことがらは、カリキュラム研究においては、厳密には「潜在的カリキュラム」と呼ばれ、さらにそれは「隠れた(latent)カリキュラム」と「隠された(hidden)カリキュラム」とに区別される両面を含んでいる。本節の目標を検討する前に、高旗浩志の「潜在的カリキュラム」についての解説によって、これらの概念の定義を概観してみよう(6)。

「隠れた(latent)カリキュラム」はまず、「表立って言明されない価値規範」を潜在的カリキュラムの内容とする立場に加え、「そうした価値内容の伝達・受容の過程に一定の方向性を与え……」教師と生徒の「暗黙の意味付与・解釈」を重視する立場から、「教師と生徒、または生徒同志の相互作用のなかで意味付与を介して構築」される「シンボリックな構築物」と定義される。簡単にまとめるなら、教師と生徒の間に展開することがらの筋書きをつくり出しているものである。

一方、「隠された(hidden)カリキュラム」は、「ある種の、社会的統制、文化的・経済的不平等の再生産と関連する」立場に立っているという。これはM・アップルに代表されるように、学校が子どもたちのなかにヘゲモニーを再生産していると見なす視点を軸にしている。[7]すなわち学校が「社会の人々の意識の中に深く浸透し、常識になっている『意味や実践の有機的連合体』『意味・価値・行動の中心的・実効的・支配体系』」を伝達する装置となっているということに着目する。

前者はまず、潜在的カリキュラムがどのような「内容」をさすものかを特定する。そして、それらがどのようにして生徒―教師間や学校空間のなかで「効果」をもつにいたるのかといったプロセスまでも視野に入れている。後者は前者が措定する内容をさらに拡げ、学校で伝えられる知識や行動規範などを、意味や実践といった文化の基本的要素にまでさかのぼってとらえることにより、学校を一種の文化的価値や社会的規範の伝達装置とみなす「パースペクティブ」を提供したといえるであろう。

ジェンダーの視点から見た「隠れたカリキュラム」とその効果

前節でみた〈組織的文脈〉、〈構造的文脈〉、〈教師—生徒間相互作用〉に含まれるカリキュラムの事例はこれらの両側面をもっているとみることができる。しかしながら、ジェンダーの視点が学校教育研究に導入された経緯から、学校におけるカリキュラムはすべて社会に支配的なジェンダー関係の反映であり、学校がジェンダー関係(「女」と「男」の関係)の再生産装置であるという立場が強調されてきた。したがって一般的にジェンダーの視点から「隠れたカリキュラム」が指摘されるときは、後者の「隠された(hidden)カリキュラム」に焦点化される傾向がみられる。

高旗がまとめているように、「隠されたカリキュラム」研究は「学校と社会との関係、すなわちマクロレベルに焦点化し、『潜在的』である根拠を『イデオロギー的意図の潜入』に求めることに力点を置いている。(8)」一方、学校教育の現場をジェンダーの視点によって見直すこともまた、社会における固定的なジェンダー関係が学校でも「潜在的に」教えられ、それがまた社会の性別役割分業体制に反映していくと考える立場によってすすめられてきた。

このような立場から指摘される「隠されたカリキュラム」の内容は、男女平等教育運動のなかでも取り上げられてきたことと重なる部分も多い。しかし、それは単に現実の差別的行動や構造を反省し、改善するということのみに用いられるわけではない。それはまた、教師や学校組織がもっているものの見方を自覚的に検討し直すことにより、教育実践のなかに埋め込まれたジェンダー関係、ひいては学校が伝達する社会規範や文化的価値全体を意識化する射程を含んでいる。

それではこのようなパースペクティブのなかで「隠された」機能とその効果として具体的に取り上げられてきたのは、どのようなことがらであるのか見てみよう。それらは、(1)性別の思考・行動パターンの習得、(2)女性像／男性像の生成と固定化、(3)競争主義文化と女らしさ／男らしさ、などの問題である。

たとえば(1)の例として、名簿の男女配列について考えてみよう。これはかならず男子が先、女子が後であることが、一つには男女の主従関係や序列意識を伝達するものとして、また、もう一つの側面として「女」／「男」という分類の強調を通して性別の行動を促すという点が問題とされる。

また(2)の例として、社会の教科書に描かれる職業イメージ、国語や道徳などの読本における登場人物などが、「男性は社会の前面に立ち、女性は陰で男性を支える」という伝統的な性別役割分業のスタイルを伝えるものになっているという指摘がある。ここで問題とされているのは、隠されたカリキュラムの「内容」としての特定の女性像／男性像の強調と、「効果（結果）」として女性と男性の関係性を固定的にとらえるパースペクティブである。

このような隠れたカリキュラムの「性別社会化」機能への着目は、学校内の価値空間における諸実践が、学校を取り巻く外部社会の価値をそのまま反映する形で展開するという図式によって描かれている。しかしながらジェンダーの視点によって照らし出されるもう一つの図式もまた重要である。次に、(3)の例として、学校システムそのものがもつ文化の特性と性別社会化との関連を見てみよう。

競争主義文化のなかの「女らしさ」／「男らしさ」

学校システムはそれ自体で一種の自律的文化を生み出すが、ここでは今日のわが国の学校を支配する中心的原理として競争主義（業績主義）に注目してみよう。この競争文化とはどのような特徴をもつものであろうか。

日本では高度経済成長期以来、学校内外で受験体制が確立してきたとされている。学校外部の業績主義は、学校システムのなかで学歴主義として形を変え入り込んできた。学歴主義は必然的に個人主義的で競争的な学習をうながし、学力が測定され、評価されるシステムを随伴してきた。また、受験システムは合否によって、あるいは進学先の学校序列によって細分化された差異による能力証明を可能にしてきた。

このような競争原理は野心的で攻撃的であることが有利に働くシステムのなかでより活発化する。このことは女子よりも男子がより多く、また強いコミットメントを強いられる形で競争に巻き込まれたことを予想させる。なぜなら、野心的、攻撃的であることは男子生徒のアイデンティティを構成する「男らしさ」と重ね合わせられてきたからである。

学歴主義の問題といえば、教育達成と職業達成の問題としてとらえられることがあたりまえであったことでもわかるように、それは男子の社会的上昇移動における平等問題として焦点化されてきた。男子は浪人してでもランクが上の高校や大学への進学を要求され、そのようなプロセスにおける成功が「男らしさ」の象徴とされるなかで、競争主義に巻き込まれてきた。

一方、女子は二重の価値基準のなかで学校生活を余儀なくされてきたと見ることができる。学校内部の競争主義と学校外部において求められる「女らしさ」とのはざまで揺らいできた女子にとっては、戦後の教育が追求してきた平等も形式的で矛盾に満ちたものであったかもしれない。「成功への恐れ」研究で見られるように、社会的に認められるようなキャリアを積むためのコースに乗ることを追求する場合には、「男らしさ」と同義に語られる達成意欲、競争性、攻撃性を身につけ、「女らしさ」を犠牲にするといった葛藤を経験する女子もいるであろう。あるいは、はじめから競争から降りることによって、女性の軌道を選択する者もいるであろう。(9)

この問題はまた、単に女子がアイデンティティの確立において「女らしさ」と「男らしさ」という矛盾した価値のあいだで葛藤を経験するという点だけでなく、競争主義的な学校文化のなかで自分の能力を低く見積もりがちであるという自己規定／自己評価の問題をも含んでいる。

4　「隠れたカリキュラム」の問題性と学校システムの特質

「ジェンダー」概念の広がりと現場での混乱

ここまで見てきたように、学校内の隠れたカリキュラムの機能(効果)は、全体社会における固定的な性役割関係、性別役割分業を見直そうとする立場からすれば、取り除かれるべき弊害とみなされている。この点のみを強調した場合には、男女平等問題の発見と改善はめざされるものの、「ジェンダーの視点」の有効性が十分に理解されない可能性がある。「ジェンダーの問題」という表現が新しい運動、改革のために象徴的に使われているが、実際には、これまでの男女平等問題との違いは正しく認識されていない。「ジェンダー教育」、「ジェンダー・フリー教育」といった用語が、その核である「ジェンダー」や「ジェンダー関係」といった概念の理解なしに広く用いられるようになってきている(10)。

「ジェンダー」そのものがわかりにくい理由としては、それが理論的には、社会的・文化的側面を強調する性(gender)のほかに、生物学的性のレベルである性別(sex)と、それを取り巻く文化領域としてのセクシュアリティ(sexuality)という三次元に渡っていることがある。

また、実際の現場ではジェンダー概念が性差概念と混同されることが多い。すなわち生物学的・身体的特性によって、「女」/「男」という分割を正当化する思考と女性性/男性性という文化的・社会的領域の問題が区別されにくいからである。

たとえば、はじめて「ジェンダー」という考え方に遭遇した教師は、「ジェンダーの問題というのは、『男と女を差別してはいけない』というぐらいのものだろう」と考えるにとどまるかもしれない。また、「とにかく男子生徒と女子生徒を区別するのがいけないというのだから、何でもいっしょにさせればいいのだ」と考えるかもしれない。ところが、もう少し考えを進めると、生まれつきの生物学的差異の問題が頭をもたげてくる。すなわち「でも、男子と女子の更衣室やトイレを一緒にすることは何だかおかしい……。やっぱり、男と女は違うのだから、役割や生き方が違っているのは当然なのではないか」といった論理が納得のための図式として用いられることになる。

一方、「教育にジェンダーの視点を」ということでもっとも注目され、よく取り上げられているのは「男女混合名簿」である。これは名簿上にみられる「女」/「男」の間にある境界線を認識させるだけでなく、学校全体の営みのなかに同じような分割の強調があること、そしてその境界線に沿って性別役割分業体制が埋め込まれていることをもっともよくあらわしているからであろうと思われる。

しかしながら、このような点が学校内部で、はじめて「ジェンダー」に出会う人々に十分理解されているとはいえない場合もあるであろう。それは、ジェンダーの視点をどう受け入れ、どのように活用するかは、ジェンダー関係(「女」と「男」の関係)のうち何に着目し、何を問題にするかによって異なってくるからである。

したがって、学校教育の現場というある種の自律性をもった空間で展開されるジェンダー関係については、そのシステム内でのジェンダー関係の特性をよく吟味する必要性が出てくる。そうすることで、「ジェンダー」に関する混乱がなぜ起きるのかがより明らかになるはずである。

これからのジェンダーの視点による「隠れた(隠された)カリキュラム」の発見に課されているのは、単にその内容と結果を指摘し、「男女不平等再生産装置としての学校」を改革するだけにとどまらない。より広く教育改革、学校改革という文脈のなかで、ジェンダーの問題がどのように位置づくのかについて考察をすすめていかねばならないだろう。

学校知のゆらぎ

現在わが国では、「個性を尊重する」教育、「生きる力をつける」学力の習得などを目標とした教育改革がすすめられている。ここには、近代公教育の出発以来、われわれが学校に対して与えつづけてきた正当性のゆらぎが反映している。すなわち、学校という組織(場)の正当性への疑問、学校が与える学歴取得をめざした受験体制の改善、学校で教えられる知識への懐疑(学校知の社会生活における陳腐化や日常生活との乖離)などがそれである。

それらは要約するなら、学校という場によって体系づけられていた知の枠組と権威のゆらぎであり、より広くとらえるならば、社会や文化を通して伝達される知の様式がゆらいでいると同時に、その伝達媒体においても、伝達方法においても変化の時をむかえていることを表していると理解できる。ここでは、このような社会変化、社会背景を前提とした学校知の転換期という文脈のなかで、ジェンダーの問題がどのような問題として立ちあらわれているのかみてみよう。

田中統治は学校が単に知識の伝達機関ではなく、エリートの選抜機関であり、その意味で統制作用をもつものであるという前提に立ち、学校知をめぐる論点を下記の五点にまとめている。(11)

(1)学校知として妥当な内容は何か(定義)

(2)学校知のどの領域をより高く格付けるか(序列)

(3)誰に、いつ、どの学校知を伝達するか(配分)
(4)上記の決定に当たって、どの集団の考えを優先するか(主導権)
(5)特定の集団の考えを実行に移すとき、その根拠は何か(正統性)

これらの論点をジェンダーの視点から点検してみよう。(1)、(2)についてはこれまでの知の生産に中心的に携わってきたのが男性であることから、社会/文化における知識/技術/情報などの内容を措定し、どれが優先順位の高いものであるのかを決めてきたのも男性であるといえる。すなわち言語を中心とした精神世界の中心をつくってきたのは男性であり、その意味で知的生産と流通、蓄積の点で主導権をにぎってきたのは男性である。

メディア研究でも、女性による表現活動の結果は男性とは同じ基準で評価されない傾向があり、そこから女性は男性に比べ社会的な影響力をもちにくいことが指摘されている。また、職業を介して社会的上昇移動が可能になる現代生活においては、どのような学歴(教育歴)によってどのような職業に就くのかということも社会的な影響力/パワーを限定する。この意味で「女」/「男」の非対称性は明らかである。また、労働の場においても、男女の分業体制が続いてきた。これらの観点から、(3)、(4)、(5)についても学校を出て社会で一人前になる(する)のはまず男性であるという考えから、男性中心的なものにならざるをえない。

ここでは(3)の学校知の配分に関して、全体社会における男性中心的な知のあり方の反映だけでなく、学校内部に特徴的な活動様式や生産様式の影響も確認しておこう。

学校組織における官僚制的性格と学校知

対応理論においては、社会全体の価値体系はそのまま学校内部の諸活動、知識体系に映し出されると考える。このことはすでにみた知の支配のありようについて考えれば当然の結論のように思える。しかしながら、すでに本論の各所で指摘してきたように、学校内部にはある程度の自律的メカニズムも存在する。学校は外部社会によって意のままに動かされるだけのシステムではない。

そのことを最もよく表しているのが学校組織における官僚制的特質である。近代的組織形態をもつ学校の運営においては、社会に見られる他の諸組織と同様、組織の維持／運営にあたって、「標準化」「専門化」「集権化」などが起こる。学校知は当然ながら学校組織に組み込まれることによって伝達され、維持されるのであるから、学校知の編成や伝達方法、さらには学校知へのアクセスへの規制等自体も「標準化」「専門化」「集権化」などの特徴をもつことになる。

たとえば、何を教えるのかという具体的な知識内容は、教科カリキュラムの編成、学習指導要領等によって標準化される。また、これらの知識内容が誰によって、どのような時間配分で伝達されるのかといった点については分業化、細分化がなされているが、これは結果として知の編成の硬直化を招きやすい。学校知が日常知から乖離し、生徒にとってピンと来ないものになっているのもこのような学校の官僚制化が影響していると考えられる[12]。

このように学校知が日常知とはかけ離れたものになりやすいのは、ルーティン化し、規則化された知が生徒一人ひとりのリアリティにそぐわないものになりやすいからである。たとえば、学校知には目に見える形での「女子向き」「男子向き」の知識編成は存在しない。「男子の算数」「女子の社会」などはないのである。ところが学校を一歩出ればそこでは、彼女ら／彼らは「小学女児」であったり「中学男子」であったりと性別のラベルを貼られる存在なのである。

学校知が彼女ら／彼らを取り巻く環境における知識体系との間にギャップを生じてしまうのは、そもそも学校組織が効率性／合理性を優先する原理をもっているからである。そのなかでは、生徒一人ひとり、すなわち「個」は重視されにくい。とりわけわが国では、これまでの集団主義教育の伝統のもと、均一性や画一性が肯定的にとらえられがちであった。

このことは、ジェンダーの視点から見るならば、日常知で「女」／「男」というラベルを貼られている彼女ら／彼らの自分自身へのまなざしをさえぎることを意味している。彼女ら／彼らは家庭や地域のなかでさまざまなジェンダー関係を経験している。それはそのまま彼女ら／彼らのジェンダー・アイデンティティにつながっており、学校のなかでだけこのアイデンティティを捨てることはできないはずである。

官僚制的組織である学校のなかでも、もし彼女ら／彼らの個人的経験や、個人史のなかで彼女ら／彼らを理解し、それらの経験のなかで培ってきた「自己」を尊ぶ感情を芽生えさせることができるならば、彼女ら／彼らの日常知と学校知の隙間は埋められるかもしれない。このことは単にギャップを埋めるという作業だけではなく、生徒が自己を理解し、生き方を見通すために両方の知を融合させせることにつながるはずである。

5 「女」／「男」ラベルを纏《まと》う教師の役割

教師の「性別」がもつ意味

前節でみた観点から、学校知を再編成するために教師が最もアクセスしやすい領域としては教科カリキュラムの見直しと開発が考えられる。しかしここでは、より直接的な影響力をもつという意味から〈教師―生徒間相互作用〉に注目してみよう。

たとえば、上でみたような官僚制的組織からはみでる形で、学級経営という形式を理解することもできる。学級王国という言葉によってその負の部分が指摘される場合もあるが、学級経営とそのなかで展開される教師―生徒間の相互作用は独立性が高く積極的に正の部分を評価されるべき空間であり人間関係である。

担任は生徒にとってどのような存在なのだろうか。教科の内容を教えてもらうという以外の「素顔」を見せてくれる先生であり、また自分たちの「クラスの親」的な存在としてとらえられている場合もあるであろう。それだけ、良くも悪くも、生徒の教師に対する精神的なコミットメントは相対的に強く、教師の言動がもつ影響力は大きいと考えられる。

その関係性は先に見た学校知の問題でいうなら、学校知と日常知のはざまで展開されるものである。その意味で、通常の授業のなかだけでは気づきにくい、先生の性格や考え方などが生徒に認知される関係でもある。まず、生徒にとって先生は「女の先生」か「男の先生」である。これは生徒が強く意識しようがしていまいが、教師自体が生徒と接するなかで、目に見える形であるいは目に見えない形でメッセージを送っていることになる。

具体的には、その外見、会話形式(女ことば／男ことばなど)にはじまり、「女子」／「男子」についての対応(定義、評価などを含む)などを考えてもすぐに了解されるように、性(gender)的に中性的な先生は存在しない。このことは、ジェンダー・フリー教育でよく取り上げられるような性別役割に関する固定観念や性差別という諸点以前に注目されるべきことがらである。

ところが意外なことにこのような教師自身が体現しているジェンダー(「女」／「男」というラベル)については問わないまま、教師の「女」／「男」についての考え方や教室内での「女子」／「男子」に対する言動、さらには学校を性差別の再生産装置であると気づいているかどうか、意識化できるかといった点に議論が集中する傾向がある。このことは、ジェンダー・フリー教育を教師の男女平等への意識改革という政治的な方向に集約させてしまう危険性を孕んでいる。

教師による学校知の組み直し

それでは、教師が自分の性別を意識化し、ジェンダー・センシティブになるということはどのようなことであるのだろうか。まず教師自身の性別が、すでにみたように何らかのメッセージを送っていることを意識する必要がある。第1節でもみたように、「女」／「男」というラベルが常に貼られる存在として自らを意識することはなかなかむずかしい。というのも、ジェンダー関係自体が生活世界と社会構造のなかに複雑に編み込まれており、そのことを前提として知が編制されているからである。

その意味で、教師がまず自覚すべきことは、気づかないうちに教師自身が性役割(gender role)のモデルになっているということである。ただし、そのことを「女性的視点／男性的視点からものごとを見てしまう」という偏見の源泉であると理解するだけでは十分とはいえない。必要なことは社会化過程において「女」／「男」に育てられた自分にとって、知の体系はどのように見えているのか、また知の世界へどのようにアクセスしているのかという点を吟味することである。

たとえば、ウォルデンとウォーカーダインの研究調査では、客観的評価がおこなわれているはずの教科においても「女らしさ」／「男らしさ」をめぐる規範が入り込んでいることが報告されている。(13) 進学コースの数学の成績評価において、合格したのは女子よりも男子が多かったという例において、このような結果になったのは、「生徒の気まぐれで、規則に従わず、数学の問題でも教師に挑んでくるような「男らしい」特性が、教師には「才気煥発」で「真の理解」を伴うものと感じられ、「女らしい」特性、つまり念入りで、整然としていて、協力的という側面は「真の理解」が欠けており、単に「規則に従っているだけ」」に思えたという。

教師がジェンダーの視点によって教育を見直すという作業には、このような性別や「女らしさ」／「男らしさ」によって秩序立てられた知（学校知を含む）を組み直すことが含まれねばならない。それには、まず自分自身の性別に割り振られてきた知の体系の特質を確認するとともに、生徒への知識伝達においても性別によって異なる学び方へと導いていないか考えてみる必要があるだろう。

ここで重要な点は、その知の世界のなかでも学校における知識の体系である学校知がある特性を帯びているということに留意することである。すなわち、学校の知識を統制している原理は、「理性」であり「客観性」であり、またそれらに貫かれた「論理性」である。そして知の習得の評価においては「能力主義」「競争主義」が採用される。このような場において成功をおさめるためには、女子にも男子にもそのような特性を身につけ能力として発揮することが求められる。

ところが、これらの特性は同時に「男らしさ」を構成するものとして社会で受け入れられているものと重なっている。そのため、男子はますます女子に対する優越と男子どうしのなかでのパワープレイに身を投じることになり、「男らしさ」をどのように誇示するかというプレッシャーのもとにおかれることになる。一方、女子は「女らしさ」をどう装いながら、学校知を身につけ学校を生き抜くのかということに悩むことになる。

以上見てきたように、教師は単に性役割のモデルとして「女らしさ」／「男らしさ」をめぐる規範的価値を伝達するだけではない。教師は社会全体の知の編制と生徒たちの知の構築に携わっている。ジェンダーの視点で教育を見直すということは、隠れたカリキュラムという切り口から学校知を検討し直すことにより、教育全体を改革するということにつながっているのである。

ジェンダーの視点と「個」を大切にする教育

ジェンダーの視点を積極的に生かした教育としては、高校、大学などの学校段階を中心に女性学やフェミニズム教育によるカリキュラムが開発され、実施されてきた。(14) これまでの実践のなかで得られた授業展開のポイントは、「生徒に学校の中の性差別に気づかせることではなく、性差別をつくり出すメカニズムそのものについて学ばせること、いかに男女という枠にとらわれているかということを考えさせること」にあるという。

学校のカリキュラムに組み込む形で性差別を指摘することは、これまでの男性中心主義的社会を前提として、男性を抑圧者、女性を被抑圧者としてみなす図式を生徒に押し付けるだけのものに終わってしまう可能性がある。このことは、また、生徒たちがすでにもっている「女」／「男」に対するステレオタイプを強化するだけであるかもしれない。そして実際に「女子」／「男子」というラベルを貼られている存在としての生徒にとって、自分が加害者や被害者であるといわれているようで不快であったり、感情的にしかとらえられなかったりするかもしれない。

ジェンダーの視点を教育に生かすということは、ジェンダー関係の現状を認識することや固定的な解釈図式を伝達することではない。先にもふれたように、それは生徒一人ひとりを取り巻く知の体系への理解から出発し、その延長として社会通念や文化や制度を考えさせるものでなければならない。すなわち、「個」からはじめることが重要である。そうでなければジェンダー教育もまた、生徒の日常知とはかけ離れたものになるはずである。

男子生徒は「男」ラベルを貼られた存在であり、女子生徒も「女」ラベルを貼られた存在である。しかしながらラベルに貼られた内容、すなわちそれぞれの生徒の個人史におけるジェンダーの意味やあり方は異なっているはずである。そのことを認識しないジェンダー教育は、自らが批判している固定的なジェンダー関係図式へと生徒を導く結果を招きかねない。

学校現場で必要なことは、ジェンダーの視点によって「隠れたカリキュラム」を発見することだけではない。教師も生徒もジェンダー関係のなかに埋め込まれた存在であること、学校知も日常知もジェンダー化(gendered)されていることを認識することが重要である。ジェンダー化された「自己」への気づきは、他者とのちがい、さらには異文化への接近や理解を可能にし、学校教育を通しての新しい価値創造への道を拓くことになるであろう。

注

(1) 学校教育における男女平等教育、ジェンダー・フリー教育に関する総括的な論文として、舘かおる「学校におけるジェンダー・フリー教育と女性学」日本女性学会学会誌『女性学』六巻、一九九八年を参照されたい。

(2) 宮崎あゆみ「学校における『性役割の社会化』再考—教師による性別カテゴリー使用をてがかりとし

て」日本教育社会学会編『教育社会学研究第四八集』一九九一年参照。

（3）社会のさまざまな領域にまたがる「ジェンダー」の状況や「ジェンダーの視点」に関して社会学的な立場からまとめられたテキスト江原由美子他著『ジョンダーの社会学』新曜社、一九八九年は、概念や理論をわかりやすく解説している。

（4）学校における「隠れたカリキュラム」を性別社会化の仕組みという観点から整理し、諸例を紹介しているものとして、渡辺秀樹「第3章　教育とジェンダー」目黒依子編『ジェンダーの社会学』放送大学テキスト、一九九四年がある。その他、ジェンダー・フリー教育関連の文献では、より具体的な「隠れたカリキュラム」の提示と解決策が実践例としてまとめられているものが多い。

（5）学校文化に着目し、そこでのジェンダーの問題を多面的に分析している木村涼子の『学校文化とジェンダー』勁草書房、一九九九年を挙げておく。

（6）高旗浩志「学校知に表れているもの・隠れているもの」『学校知の転換―カリキュラム開発をどう進めるか』ぎょうせい、一九九八年

（7）M・W・アップル、門倉正美他訳『学校幻想とカリキュラム』日本エディタースクール出版部、一九八六年。

（8）高旗浩志、前掲書、一二七頁。

（9）学校内部の競争主義と女らしさ／男らしさの関係については、受験体制のなかで入試システムによって男女が異なる軌道に導かれることを描いた吉原惠子「異なる競争を生み出す入試システム―高校から大学への接続にみるジェンダー分化」日本教育社会学会編『教育社会学研究第六二集』一九九八年がある。

（10）堀田碧が指摘するように、いま叫ばれているジェンダー・フリーの多義的意味のなかには、「ジェンダーもまた非人間的な抑圧の一つであり他の抑圧と関連している」という視点も含まれている。それには、さらなる射程の広がりが「『平等を求める社会正義の闘い』から、『個が自由になるための闘い』への質的な」転換をもたらすと考えられるからである。その意味で、ジェンダー・フリーは「ジェンダーレス」

に近づいていくことになる。そして堀田がいうように、こうした「究極のジェンダーフリー＝個人化」は「男でも女でもなく一個の人間として」という方向に進んでいくことになる。堀田碧「『ジェンダーフリー』のもつれをほどく」『くらしと教育をつなぐＷｅ』一九九九年一〇月号（七六号）、一八頁。

(11) 田中統治「第2章　学校知とその社会的背景」『学校知の転換―カリキュラム開発をどう進めるか』ぎょうせい、一九九八年、三八―三九頁。

(12) 田中統治、前掲書、四二―四三頁、耳塚寛明「社会組織としての学校」柴野昌山・菊地城司・竹内洋編『教育社会学』有斐閣、一九九二年を参照。

(13) スー・アスキュー／キャロル・ロス、堀内かおる訳『男の子は泣かない』金子書房、一九九七年、四六頁。

(14) 日野玲子『実践でかたる女性学教育』明石書店、一九九四年、吉田和子『フェミニズム教育実践の創造―〈家族〉への自由』青木書店、一九九七年、小川真知子・森陽子編著『実践ジェンダー・フリー教育フェミニズムを学校に』明石書店、一九九八年などを参照。

参考文献

安彦忠彦編著『学校知の転換―カリキュラム開発をどう進めるか』ぎょうせい、一九九八年。

井上輝子『女性学への招待』（新版）有斐閣選書、一九九七年。

井上輝子・江原由美子編『女性のデータブック』（第2版）有斐閣、一九九九年。

苅谷剛彦『大衆教育社会のゆくえ』中公新書、一九九五年。

藤田英典・黒崎勲・片桐芳雄・佐藤学編『ジェンダーと教育』世織書房、一九九九年。

賀谷恵美子「男女共学の内実と男女平等教育―公立高校の現場から」日本女性学会学会誌『女性学』六巻、一九九八年。

深谷和子・田中統治他、東京女性財団編・刊『ジェンダー・フリーな教育のために―女性問題研修プログラム開発報告書』一九九五年。

深谷和子・田中統治他、東京女性財団編・刊『ジェンダー・フリーな教育のためにII―女性問題研修プログラム開発報告書』一九九六年。

男女平等教育をすすめる会編『どうして、いつも男が先なの?』新評論、一九九七年。

第9章　社会変動と教師モデル

永井聖二

1　教師役割の無限定性とゆとり

学校のさまざまな病理が論じられるにつれて、教師の仕事のすすめ方が論議される。「教育は人に在り」とは古人の言葉であるが、学校教育にかかわる病理の解決がめざされるとき、教師の資質、力量に焦点があてられるのは、常套であるといえる。

ただ、いうまでもないが、今日の教育の病理は、教師の資質、力量の問題にすべてを収斂させれば事足りるというほど簡単ではない。社会の変動にともなって教師の仕事の困難が生じていることは確かだし、その解決には構造的な壁もある。それでなくても忙しい教師たちに、これ以上何をしろというのかという教師の側の反発も、根拠のないことではない。

ここでは、教師の多忙感の問題とかかわらせて、教師の仕事遂行の難しさの構造的背景を検討し、教師役割の新たな可能性を探ることとしたい。

スリム化論の行方

教師の忙しさの原因として、学校への教育機能の集中が指摘されることが多い。経済同友会の提言にも、中教審の提言にも、本来家庭や地域社会が担うべき教育機能まで学校が担っている現状は改善すべきだとして、学校教育のスリム化が提案されている。

もっとも、中教審の論点は、家庭や地域への教育機能の委譲だけではない。教育内容の「厳選」によってスリム化をすすめる趣旨も重要な柱になっているが、学校五日制の完全実施ともかかわっての提言であることも考えると、今日主張される学校のスリム化とは、学校があまりに多くの役割を果たさざるをえない現状を改め、地域社会や家庭が然るべくその教育機能を果たすべきだとする考え方が背景となっている、と理解することができよう。

たしかに、現在のわが国の学校をみると、子どもたちはもちろん、教師たちもあまりに忙しく、こうした現状の下では中教審のいう「生きる力」をはぐくむことが望むべくもないばかりか、子ども理解という最も基本的な条件すら、達成することが難しいように思われる。

今日では世界的に、教師のノイローゼの増加やバーンアウト(燃えつき)現象が指摘されるほどであることから考えても、教育改革の方向としては、まず第一に教師の「ゆとり」の回復が必要であり、それをめざすための経営戦略としては、学校のスリム化が検討される必要があると考えられるのも、無理からぬことである。

ただ、この学校役割の肥大化、学校教育への機能集中による教師の「ゆとり」の消失の問題は、欧米諸国と比較した場合、わが国においてとりわけ著しいということが、指摘できるのではなかろうか。

もちろん、欧米の学校教育とても、今日なかなかに苦しい立場にあることには変わりはない。たとえばアメリカの高校が、学力の低下、高い中退率、薬物やティーンエイジャーの出産といった多くの問題をかかえていることは、わが国でもよく知られている。その意味では日本の学校は、深刻さの程度からすればまだしもマシだとさえみることもできるのだが、ただ、わが国の場合、教師問題の解決のために期待される教育機能のすべてが教師の肩にかかる傾向が強いことが、指摘されねばならないといえよう。

すでに第7章で述べたとおり、わが国における教師の仕事のすすめ方の特徴としては、「教師役割の無限定性」ということがいわれる。それはすなわち、教師の仕事に教師と親、あるいは教師とカウンセラーといったおのおのの役割分担がなく、重なり合う形で遂行されることを意味する。

つまり、日本の教師の役割は、親と子どもの関係、とりわけ母親と子どもの関係に近い形で子どもに接し、学習面ばかりでなくさまざまな生活面の指導をおこなうものと考えられてきたし、しかもそれが、限りなくおこなわれつづけることが求められてきた。

これが「教師役割の無限定性」と呼ばれるが、給食指導や清掃指導といった欧米諸国では例の少ない教師の仕事のあり方や、「提灯学校」といわれたわが国の学校のあり方は、こうした教師役割の無限定性から生じたものであるといってよい。

学校役割の肥大化そのものは、近代学校制度の成立以来暫時進展した世界的な傾向であるとはいえ、それが教師の「ゆとり」の消失に最も端的に結びつくのは、わが国の学校においてであるとする見方も可能であろう。これまでのところ、わが国の教師のバーンアウトはさほどではないが、それはむしろ、日本の教師の優秀さや労働市場の閉鎖性に起因している、とみるのが妥当であろう。したがって、教師に「ゆとり」をもたらす学校のスリム化とは、従来の日本の教師役割の無限定性を再検討する作業ともかかわる、なかなかに困難な作業である。ただ単に「家庭はもっと学校に協力すべきだ」と主張することと同じではないことを銘記しておかねばなるまい。

家族集団の変容

一方、より多くの機能を担うことを期待される側の、家庭や地域といった機能的な教育主体の現状も、楽観を許されない。家庭についていえば、今日、家庭そのものが世界的におおきな変容を遂げていることは、周知のとおりである。

一つの指標として、結婚していない親から生まれた子、婚外子の割合をみると、スウェーデンは五割以上、アメリカやフランスでも四分の一以上となっている。日本の場合、婚外子の割合はまだ一％であり、世界的にみれば例外的に低い。学校の役割を家庭へといっても、現実的な条件は、必ずしも十分ではない。

もちろん、離婚率にせよ、婚外子の割合にせよ、こうした伝統的な家庭からの乖離を示すデータによって、家庭の安定度や、ひいては家庭の教育力を推し測るのは、必ずしも正確ではない。いうまでもなく、離婚を経験した家族にも強固な人間関係の結びつきが存在することはありうるし、婚外子の場合の養育環境がいちがいに問題だということはできないであろう。

しかし、少なくとも、従来われわれが想定してきた、父親と母親が両親の連合を結成して息子や娘の養育にあたるという家族が必ずしも一般的ではなくなってきて、多様な家族の形態を想定せざるをえないことをこれらのデータは示すものといえる。

前述のように、日本の離婚率や婚外子の場合は現在のところかなり低いが、こうした家族の安定度を示すデータも、今後は徐々に変化するとみざるをえないといえよう。しかも、そうした家族の変容は、これからの社会の人びとの多様な生き方の結果として、いちがいには否定されるべきものでもない。

たとえば、日本社会における離婚率の低さは、夫婦の結びつきより親子（とくに母子）の結びつきが優先する家族であるといった家族の構造上の理由のほかに、女性の経済的、社会的な生活条件の不十分さに起因すると考えられる部分も少なくない。

とすれば、学校のスリム化に関連して家族の教育力の向上を唱えることは正論であっても、それは伝統的な家族の構造だけを前提としてめざされるべきではなく、多様な家族の形態を許容したうえで、論じられるべきことといえよう。

教師役割の再検討

また、あと一つ、学校がスリム化してその役割を限定するという場合、学習指導は学校、しつけは家庭というように図式的に考えることができるだろうか、という疑問がある。

もちろん、基本的な生活習慣を身につけるという意味でのしつけは、一般的にいって家庭での教育に委ねられるのが自然だ、と考えられよう。しかし、学校教育にも、もともと社会に共通の成員としてのあり方を維持、継承する機能があることも、忘れられてはならない。子どもたちが、社会の構成員として最低限の成員性を獲得することは、社会の維持、存続のための不可欠の条件であり、そのことは、私的な集団としての傾向を強める現代の家族には、必ずしも全面的には委ねえないものである。

学校と家庭、地域の教育機能の分担を考えるとき、必要なのは、しつけは家庭、学習は学校という領域別の分担の視点ではなく、個人の選択に委ねうるものはできる限り個人の判断に任せたうえで、社会の構成員として最低限共通に求められるべき内容を、学校と家庭、地域が協力して子どもたちに求めるというところにある。学校と家庭の分担とは、子どもたちが身につける内容の領域ではなく、子どもたちに影響を及ぼす教育力のタイプにある、と考えてもよい。

つまり、しつけはもっぱら家庭に委ねるというのではなく、家庭では親と子どもの個別主義的、情緒的な結びつきをもとに子どもへの働きかけがなされ、他方、学校では普遍主義的な価値にもとづく社会生活を基盤とした働きかけがなされるという点で相違があるものの、学校と家庭は、ともに社会のよき成員の涵養をめざすことがその使命であるといえる。その意味で、学校のスリム化は必要であっても、学校の機能を何に限定するかは、必ずしも自明ではない。

具体的にいえば、さきに日本の教師の仕事の特性として、給食指導や清掃指導といった伝統を指摘したが、こうした教師の仕事のあり方をどう評価するかが、問われるといえよう。「家庭がしっかりしなければ、学校教育は成り立たない」という今日の教師たちの悲鳴にも似た叫びは、現場の心情としてはよく理解できるが、これから求められる学校のスリム化とは、教師の仕事とは何かを、改めて問うことにつながらざるをえない。

2 教師の多忙と多忙感

多忙感の背景

このことに関連してもう少し述べるなら、日本の教師の多忙感を論じる場合、時間的、物理的な多忙と多忙感とが、必ずしも直線的に結びつかないことを指摘しておきたい。

私たちがよく経験することであるが、今何をしなければならないかが明確であり、目標に向かって自分が邁進している場合には、時間的な余裕のなさ、多忙は、イライラを生じさせることは少ないし、場合によっては逆に充実感と結びつくことすらある。それに反して、あれもこれもと思うことが多いものの、そのどれもが手につかないような忙しさは、心理的な逼迫感、多忙感を生じやすい。

忙しいが充実していると感じるのか、忙しくて何もかもが不満足に思えてイライラを感じるのかの別れ道は、時間的な多忙の程度によってだけではなく、自分が何をしなければならないのか、何を期待されているのか、についての認知にも左右される。そうだとすると、現代のわが国の教師の多忙感の背景には、わが国の教師の役割の多義性や無限定性があるとみることができる。

労働市場の変容の影響もあるが、近年、わが国でも社会変動の激しい都市部において、教師の離転職が増加しているデータがあり、教師のノイローゼ、自殺などの増加も注目されるようになっている。もともとこうした教師のバーンアウト現象は、すでに一九七〇年代以降のアメリカで指摘され、教師の役割認知の不明瞭性や、役割葛藤などによる疎外の表れによる無意味感、無力感が問題にされたものだが、わが国ではさほど顕在化はしていなかったものである(1)。

ただ、日本では、終身雇用という事情に加え、教師役割の無限定性という特性があることから、今日の教師の困惑がバーンアウトとしてではなく、疲労感や多忙感の訴えとして表れやすいということができよう。

問われる教師の仕事

いずれにせよ、近年、教師たち、とくに若い教師たちが職業的アイデンティティを維持することは、しだいに困難になる状況にある。こうした状況を教師たちが克服し、父母や地域社会の大人たちとともに教育システムの再建を担うためには、ただ単にスリム化をめざし、教師の「ゆとり」を確保すれば事足りるというわけではなく、改革の方向性を示す教師モデルの再構築と「ゆとり」の実現が並行してすすめられることが求められる。

家庭や地域の教育力に期待するという意味でのスリム化論は、社会的現実性に乏しく、学校のスリム化を直線的に教師の「ゆとり」に結びつけるのも早計である。スリム化は、「ゆとり」を生むための、達成されるべき条件の一つであるとはいえようが、真の意味での教師の「ゆとり」は、職業生活の充実感と結びついたものであるはずである。

伝統的な教師役割は、教師たちはもちろん、日本社会にもとづいているだけに、これを変えていこうとすることには、教師の側からも、親の側からも、大きな抵抗が予想される。伝統的な日本の学校の長所を残しながら、新たな方向性を明らかにすることが必要とされよう。

従来、日本の学校の特性としては、生徒の同質性を建前とする均質な指導、班や学級といった集団を単位とする指導のストラテジーの多用、教師が命令するのではなく子どもたちを同調させる指導の間接性、それに教師役割の無限定性などが指摘されてきた。

これらのうち、指導の間接性は、学校現場において徐々に通用しなくなりつつあるといえるだろうし、同質性を前提とする指導も、習熟度別編成や「飛び級」の主張などによって、政策的に脅かされつつある。好むと好まざるとにかかわらず、今日進行する改革の動向をふまえて、新しい教師役割とは何か、教師の仕事とは何か、が問い直される必要があろう。

個人の選択の重視

教師の多様性の確保が必要という視点からすれば、モデルの多様性は必ずしも否定される必要はない。しかし、モデルの不在は現場での教師の職能的成長過程の方向性を喪失させ、教師の役割不明瞭性を増幅する。このことは結局、教師たちの、改革を担う可能性の低下にもつながろう。

では、スリム化の方向性を示す新たな教師モデルとは何か。社会的基盤の変化を前提とした学校教育の原理は、丸坊主の強制や有無をいわせぬ集団訓練という前近代社会型の、あるいはせいぜい前期近代社会型の共同性の押しつけではない。かといって、際限のない個別的な要求に、「カウンセリングマインド」で応えることだけでも成り立つものではないといえよう。しつけは家庭の仕事だとして、学習指導に特化することでも、もちろんない(2)。

具体的にいえば、私はここで、個人や家庭の選択に委ねうるものは、思い切って個人と家庭の側に委ねることを、わが国の学校のスリム化の視点として提案したい。たとえば、学校が非難されることの多い生徒指導についていえば、頭髪や服装といった、直接には他者に迷惑をかけることがない校則については見直し、個人や家庭の判断に委ねることがあってもよい。

学習指導についても、選択を多く採り入れた学校、学級の経営と、それに対応した教師の指導力が構想される必要がありそうである。選択と多様化の方向性にも、社会的不平等の拡大という副作用があり、それをどう抑えるかが課題になるし、選択と多様化による社会的コストの増加をどうするかという課題もある。今日のアメリカの学校教育の現状が示すように、選択重視の帰結も楽観できないが、こうした方向に沿った学校改革のなかで、スリム化と「ゆとり」を希求していくことは可能であろう。

すべてを学校と教師がとりしきることは不可能であり、望ましくもないとするなら、価値観の多様化した社会のもとで教師が指導に注力することは、限られたものにならざるをえない。この意味でのスリム化は不可避であるが、日本の教師役割の伝統的な無限定性を脱却することは、新たな共同性の原理を模索することとともかかわるし、一斉、均一の指導の見直しと結びつくものとなろう。教師に仕事の充実感と結びついた「ゆとり」をもたらす学校のスリム化とは、次の社会のもとでの学校教育のあり方を志向するものとならざるをえない。

3 生涯学習化と教師モデル

生涯学習

一方、教育制度のレベルに焦点を移すと、制度改革は、個性尊重の言説を標榜しながら、多様化、フレキシブルな制度をめざす方向へと進んでいる。

さまざまなタイプの新しい高校、六年制中等学校の設置、編入学や社会人入学の推奨などは、さまざまな利害によるものとはいえ、この方向に即したものであるには違いない。そして生涯学習は、こうした方向を代表する最大公約数的な構想であり、新しい教師モデルが求められるとすれば、生涯学習の構想とのかかわりからの検討が不可避である。

生涯学習(lifelong learning)とは、生涯を通しておこなわれる人間の自己啓発の努力と、それを支え、援助する教育サービスを併せて示す用語であるが、ラングラン(Lengrand, P.)によって提唱されたのを契機として、この概念はその後数年のうちにわが国の教育界でも広く用いられるようになってきた。

人が一生にわたって学びつづけなければならないという考え方は、古くから多くの思想家によって指摘されたことであるが、生涯教育論をひきついだ生涯学習論の主張は、人の一生にわたる学習、教育を生活のすべての次元において統合されたかたちで再編成しようとするものである。

生涯学習の構想が急速に広まった背景としては、現代社会が変動の著しい社会であり、学校教育の場で習得された知識や技術が、その後の生涯において急速に陳腐化するという状況が指摘される。また、現代社会におけるマス・メディアの巨大化は、学校教育とマス・メディア、加えて学校以外の各種教育機関の連帯を不可避的に要請する。さらに、今日の学校教育が、用具的価値の希薄な学歴というレッテルを賦与しつづける一方で、受験競争に適応できない生徒のアノミー

(anomie)などさまざまな病理現象をもたらしていることから、学歴社会の病理を克服する手だてとして、生涯学習構想が期待されている点も無視できない。

たしかに現在のところ、生涯学習の概念はあまりに多義的に用いられ、その構想はあまりに原理的・総論的であって具体性に乏しい。すでに早くから「生涯教育論ばかり」といわれ、批判される一方で、あらゆる病理の解決策が生涯学習の構想に求められているという傾向もなくはない。しかし、それにもかかわらず、今後の教育のあり方の道標として、今日問題とされる学校教育の病理を克服する道として、生涯学習の構想がもつ意味は看過できない。学校といえば同じ年齢の子どもたちが集まるところ、大学といえば一八歳から二二・三歳の若者たちが集まるところ――こうしたわれわれの常識は必ずしも妥当なものとはいえないのである。そして何より、ストックとしての知識の蓄積が学校においてあまりに過大に要求される現在の学習・教育の前提が変化することは、避けることができない。

では、生涯学習の構想が期待され、実現への第一歩を踏み出すとするならば、その担い手としての教師は、どのような資質を期待されるのか。

生涯学習に対する学校教育の対応としては、これまでのところ社会人入学制やリカレント教育など、主として高等教育レベルの問題が論議されてきたが、義務教育レベルの生涯学習への対応は、ほとんど試行錯誤の域をでていない。

しかし、生涯学習の構想を具体化するには、義務教育レベルにおいても生徒の学習可能性を高める顕在的カリキュラムを担いうる教師の資質が要求される。そして、そのためには柔軟な子ども理解の能力がみたされねばならないと考えられる。学校教育が大人による若い世代への強制という宿命を免れることはできないとしても、方法的にあまりに一方的な知識授与型の教職観の再検討が要請されるといってよい。それに関連して、学習のプロセスが重要視され、知識の蓄積の重要性が減退する。

そして、第三には、開かれた学校教育、すなわち地域に対し、社会に対し開放的な学校教育の担い手として、過度に防衛的でない教師が求められる。さらにつけ加えるなれば、こうした教師の資質をめざすために、従来の枠組にとらわれぬ学校をきずく志向と教師自身の生涯学習への志向がのぞまれることはいうまでもない。

新たなモデルの必要性

ところで、生涯学習構想の下での義務教育が必要とする、知識授与型の教職観から生徒の要求に適応し、ないしは要求を開発しつつ学習の援助者となる教職観への転換、あるいは学習のプロセスを重視する授業観への転換は、教師文化の現状の再生産からはとうてい生まれてくるものではない。今日必要とされるのは断片的な教授技術の継承者としての教師でもないし、平均的な同調志向の教師でもない。新しい学校教育を担うため、一人ひとりの生徒が教師に対してどのような期待を抱いているかを知覚する子ども理解の意欲と、学習の援助者としての役割を知覚する教師がのぞまれるし、新しい学校教育をめざす清新な試みに柔軟に対処しうる教師文化の創造者としての資質がのぞまれるのである。

また、このような意味での生涯学習の援助者という役割を担うことを求められる現代の教師は、自らも生涯にわたる学習を通じてその職業的な成長を遂げることを期待されている。その意味で、今日の教師教育は、養成段階の教員養成と、その後の職場での現職教育を統合したかたちで構想され、具体化されることが世界的な課題となっている。

一九六〇年代に急激な量的拡大を遂げた学校教育が、その後、教育の質的な面で多くの困難を抱えるようになったこと、テクノロジーの急速な変化や地域社会、家族の変容などの社会変動が、新任教師はもちろん、ベテランの教師に対しても生涯学習を要請する背景になっている。今日「総合的な学習の時間」が導入され、それをどう扱うかが教員研修の課題になっているのは、その典型的な例である。

こうした点から教師教育の現状をみると、就職前の教育に関心が集中しがちで、現職教育に注意が払われることが少ないこと、就職の前後を通じて教師教育が伝統的な方法にゆだねられがちであることが問題である。

教師に対する指定研修(特定の教員全員に実施する研修)の現状としては、初任者研修のほか、おおむね二~六年目、一〇年目に研修がすすめられ、主任研修、管理職研修なども実施されているが、教師の生涯学習を援助するこれらの研修の内容、提供主体や研修の形態などが、充分に整理され、統合されたものとみることはできない[3]。形式的、断片的であるのが研修の現状といえよう。

　その原因としては、結局、これからの学校のあり方、教師の仕事とは何かについての共通理解が、必ずしも成立していないことがあげられる。今津孝次郎は、「『自己教育力』は言葉として美しく、理想の教育という説得力をもっているかのように見える。しかし、それが学校教育パラダイムや教師教育パラダイムを革新する意図をもつものとしてではなく、単なる教育方法上の技術として受け止められるかぎり、『自己教育力』とは、言われなくても進んで勉強できる態度のことだといった低次元の悪しき徳育的解釈がほどこされてしまう」と指摘する[4]。伝統的な日本の教師の役割は、教師たちはもちろん、日本社会に根づいているだけに、これを変えていこうとすることには、教師の側からも、親の側からも大きな抵抗が予想される。伝統的な日本の学校の長所を残すことは必要だが、知の転換に対応して、新たな方向性を明らかにすることが必要であろう。

注

(1)　バーンアウトは、一九七〇年代のアメリカで問題にされるようになり、一九八〇年代には教師のストレスとのかかわりで多くの国で問題にされるようになった。
(2)　カウンセリングマインドとは、直訳すれば「カウンセリング精神」「カウンセリングの心」であり、カウンセリングの態度や方法を学校教育に取り入れ、生かそうとする主張を示す和製英語である。具体的には、何よりも子どもを受容し、共感的に理解しようとすることの重要性が強調される。近年教師のあり方が論じられるとき、しばしば主張される。その背景としては、日本の学校の教師たちに受け継がれてきた伝統的な集団を単位とする指導や、間接的な教育力の行使といった指導戦略の行きづまりがある。ただし、個別的な配慮と共同性をめざす社会化の機能とのバランスを検討することも、必要なことである。

（3）初任者研修とは、一九八九（平成元）年度から本格実施された新任教師対象の研修。学校教育の質的向上をめざすが、新任者研修と大学段階の教師教育の内容をどのように区別し、両者の特性を生かしうるかは、現代では必ずしも明らかではない。指導教員の人選にも、単にベテランというだけではない力量を求めるべきだとする立場からすると、問題が残る。指導教員の指導と助言のもとで、年間六〇日程度の研修がおこなわれる。

（4）今津孝次郎『変動社会の教師教育』名古屋大学出版会、一九九六年。

終章　教育改革の時代と教師

古賀　正義

1　学校の制度疲労

学校への不信

近年「子ども」をめぐる教育の課題は、大きく変容した。病理現象に限ってみれば、受験競争や校内暴力など学校内部に問題があり、詰め込み教育や管理教育など指導のあり方が問われた時代から、家庭や地域へと問題の発生が拡散し、普通の子どもたちの「心」に寄り添う指導さえ学校に求められる状況になってきた。この変化は、教育指導の中核となり国民の信頼を保持してきたこれまでの学校の「教育的限界」を露呈させるとともに、スクールカウンセラーの配置や地域住民との連携協力など問題に即応した学校の新たな教育体制づくりを要請している。いわば、急激な社会変動のなかで「制度疲労」しつつある学校の存在意義がいま改めて問いただされている。

しかもこうした「疲労」は、日常的な教育実践のなかにも確実に現れてきている。すでに第I部の各章で述べられてきたように、例えば学習指導についてみると、情報化社会の進展によって、知識を伝達し受容することに力点が置かれてきた従来の教授スタイルが疑問視され、総合的学習やコンピュータ教育など子どもの自己教育を促進することが重視されている。また、学級経営にあたっても、教師の統制ではなく、子どもの自己責任を育む支援を基本とした方法が求められてきている。

つまり、情報化に端的なように、サービス化やフェミニズム化などさまざまな社会変化に伴って、従来の制度や組織の「壁」を越えたクロスオーバーな社会システムが要請されており、学校もそれに応じて地域の教育拠点や生涯学習のセンターなどとして、その制度的な役割を転換しなければならなくなっている。一言で言えば、近代社会の教育機関として重要な公的役割を果たしてきた学校の、リストラクチャーがいま始まろうとしている。

学校の「優位性」の揺らぎ

こうした事態については、すでに第II部の各章でも述べてきたが、学校制度の「優位性」にも揺らぎをもたらし、その変革を迫っている。

従来学歴社会に象徴されるように、学校は職業社会での成功と結びつき、社会的に有用とされる価値や態度を伝達する源泉となってきた。基本的に家庭や地域も、これらを受容し子どもの受験体制を陰で支えて、学校という公の場に従属してきたといえよう。そこには集団主義のような文化的特質が介在し、学校の優位性を支えてきた。つまり学校は、社会に対して「閉じた縦の関係」を維持し続けてきた。

しかしながら、今日多くの親たちがわが子の教育に対する学校のあり方に不信を抱き始め、教育要求に即して実践の内実を理解したいと望んでいる。個人の生活スタイルや価値観を重視するいわゆる「私化」の広がりは、こうした要求の正当性を支え、多くの人々に発言の機会を与え始めている。さらに、「不祥事」の続出による公的機関への不信を背景とした市民の権利意識の高まりは、学校に対して、教育活動や組織運営に関する情報公開や住民参加なども求めるようになってきている。こうして、学校選択制や教員評価制導入の動きなどに代表されるように、学校の果たす「教育責任」に対する市民のクールな評価が始まりつつある。

2　教師受難の時代

指導の困難さ

とはいえ、実際学校の再生はそれほど容易ではない。地方分権化の推進によって各学校での裁量権が拡大し自律性が増しているとはいえ、厳しい財政状況の中で人的物的な教育資源の増大は望みにくく、今ある学校の条件の中で再編が模索されねばならないからだ。

教師の仕事の実態に注目するならば、多忙な職務の実態がたびたび指摘されてきた。多くの教師たちが、授業はいうまでもなく、生徒指導や各種会議さらには雑用もこなし、1学級40人に及ぶ子どもたちときめ細かく接することが困難な状況にある。しかも、時々に突発的な出来事が起きればそれに対処せざるをえず、不確定で終わりのみえない教育活動に翻弄されて、教育指導の「限界」を感じる教師の声は少なくない。

さらに、学校組織の官僚制的な仕組みや文化も、教師個々人が新たな課題に柔軟に対応することを難しくしてきた。教師の教育活動は、法的な枠付けがあるとはいえ自己裁量の範囲も広いが、実際には従来からの慣習に依存することが多く、教師相互に横並びする意識も根強い。そこで、IT革命やジェンダーフリーなど新たな社会変化に対処する方策を欠き、充分な資質向上(ファカルティ・ディベロップメント)がなされてこなかった。そして「バーンアウト」のように、専門的な力量の形成が充分できないまま、与えられた職務に埋め込まれてしまう状況さえ指摘されている。このようにみれば教師にとっても、学校の再生を下支えすることは容易でない状況にある。

「自由化」論の是非

このようななかで、かつて臨時教育審議会第三次答申(一九八七年)で示された「学校自由化」論の視点から、学校・教師の実践への厳しい評価さらには改革の動きが強まってきている。

本来子どもの成長は親や地域の人々による社会的働きかけの所産でもあり、これらの人々が教育に応分の自己責任を担うのは当然である。従来学校は加重な負担を負ってきたが、家庭や地域との役割分担によって、教師は教育実践の必須の役割に専念することが可能になり、実践の「スリム化」に至るという。その結果、教育自由化論の主張として、各学校は互いに競い合って一層個性的で特色ある教育実践に踏み出し、画一化批判があった教育指導を改善することも可能になるという。

だが、学校・教師の実践をこうした論点と結びつけることには異論もある。対極にある福祉国家論の視点に立つならば、学校を再生することのポイントは、家庭や地域の人々と教育課題を共有し、子どもの支援を可能にしていくような学校の場づくりを進めることにあるという。すなわち、援助のネットワークための基盤を形成することである。ここでは近年崩壊が懸念されてきた学校の共同性を高め、子どもの生活世界を改善することに力点が置かれている。[1] このように一口に「学校の再生」といっても、政治的な含意によって、目指される学校観は相違しており、教師の実践の意義が絶えず検証されねばならないといえる。

3　「改革時代」のなかの学校再生

現在、教育改革国民会議の試案が連日紙面を賑わし、学校の破綻と再生へのシナリオが示されている。その何が有効であり、学校教育の現実の変革に結びつくのかは、依然不明である。しかしながら、本書を通して検討してきたように、教師もこの「改革の時代」を生き抜いていかなくてはならないことだけは事実である。いわば、絶えざる変化に寄り添い、それにファジイに対処して、自己の実践やそれを支える制度の条件を反省的に理解していかなくてはならない。

その意味で学校も、多くの公的機関がそうであるように、外部からは見えにくかった教育活動の「透明性」を高め、あわせて学校への市民の「参加・参画性」を向上させ、新たな公共性の要請に即した学校づくりを進めなければならない。それは、改革の論議の是非は別にして、多くの学校で取り組まなければならない「改革時代」の課題である。

いま教師をめざす人々が、もしこの学校の混乱と変革への戸惑いを抱えているなら、それが学校に限らず日本社会全体のそれであり、そこを生き抜くタフネスな個人が、教師の世界にこそ求められていることを伝えたいと思う。というのは、学校の再生がそうした未来を描く人々の歩みからしか始まらないと思うからなのである。

注

（1）藤田英典「岐路に立つ学校」佐伯胖ほか編『現代の教育第2巻・学校像の模索』岩波書店、一九九八年。

索引

《教師》という仕事＝ワーク

2000年 9 月20日　第 1 版第 1 刷発行
2007年 4 月15日　第 1 版第 3 刷発行

編者　永井聖二
　　　古賀正義

発行者　田中千津子
発行所　株式会社 学文社

〒153-0064 東京都目黒区下目黒3-6-1
電話　03（3715）1501 ㈹
FAX　03（3715）2012
振替口座 00130-9-98842

印刷　シナノ印刷

ISBN978-4-7620-0967-9